学习项目
设计完全实践

于熔 张鸿飞 曾帆 ◎著

机械工业出版社
CHINA MACHINE PRESS

《学习项目设计完全实践》提炼了作者及其团队近年来为中小企业提供学习项目设计咨询服务的成功经验和失败教训，适合企业系统化人才培养项目。本书系统阐述了学习项目设计的完整逻辑和核心模型，力求为读者呈现学习项目设计的真正魅力。对人力资源或者培训行业的从业者来说，本书可以帮助他们建立良好的项目设计理念，提供大量项目设计的优秀做法和参考案例，助力项目在组织内的快速落地应用。

图书在版编目（CIP）数据

学习项目设计完全实践 / 于熔，张鸿飞，曾帆著 . —北京：机械工业出版社，2023.6
ISBN 978-7-111-73504-5

I. ①学… II. ①于… ②张… ③曾… III. ①企业管理–应用软件–程序设计 IV. ① F272.7

中国国家版本馆 CIP 数据核字（2023）第 130977 号

机械工业出版社（北京市百万庄大街 22 号　邮政编码：100037）
策划编辑：孟宪勐　　　　　　　责任编辑：孟宪勐　高珊珊
责任校对：贾海霞　梁　静　　　责任印制：张　博
保定市中画美凯印刷有限公司印刷
2023 年 9 月第 1 版第 1 次印刷
170mm×230mm・16.75 印张・1 插页・218 千字
标准书号：ISBN 978-7-111-73504-5
定价：79.00 元

电话服务　　　　　　　　　　网络服务
客服电话：010-88361066　　　机 工 官 网：www.cmpbook.com
　　　　　010-88379833　　　机 工 官 博：weibo.com/cmp1952
　　　　　010-68326294　　　金 书 网：www.golden-book.com
封底无防伪标均为盗版　　机工教育服务网：www.cmpedu.com

一张表搞定学习项目设计

关键步骤	主要事项	具体内容	注意事项
需求调研	学员对象及主要工作职责		
	当前业务/管理痛点		
	当前业务/管理痛点的原因		
	痛点背后的主要能力差距		
内容设计	学习目标		
	学习主题		
	学习内容		
	学习形式		
	学习转化		
	学习师资		
体验设计	热身类活动		
	交流类活动		
	成果展示类活动		
宣传设计	海报		
	长短视频		
	PPT专题汇报		
	企业信息稿		
实施设计	项目交付团队		
	项目交付标准		
	项目管控要求		
复盘设计	复盘形式		
	复盘工具		
	复盘产出		

| 推荐序一 |

"所有的培训干预措施都会产生可预期的结果。"

"培训干预措施本身不能独立地产生任何业务成效。"

这是"ISPI绩效改进指南丛书"第一卷《教学设计与培训实施》中的两句话。翻译成大家都能听懂的话分别是"培训是有用的"及"光培训是没有用的"。这两句话给出了培训在组织中的价值定位。培训不是一次"活动"！试图按照传统的培训方式解决业务问题是行不通的。"培训"只是促进业务达成的影响因素之一。那么，如何将培训真正指向业务呢？本书给出了答案！

第一，企业学习与发展人员需要摒弃"培训是一场活动"的旧思想，要具备将企业学习嵌入业务中的项目思维。从业务需求出发，形成问题解决方案，确认学习内容，设计学习体验，管控学习转化，衡量绩效价值，这是学习与业务结合的最佳路径。本书提到的"学习项目设计七步模型"正是以绩效提升为导向的经典模型。

第二，找不到业务痛点，所谓的学习项目就是形式主义。立足公司战略，聚焦业务痛点，这是每个学习与发展人员的核心工作之一，但往往也是我们做得最少的。业务需求是个起点，也是个终点。一个绩效导向的学习项目应该是闭环，从业务需求出发，评估业务需求是否被满足是终点。本书提出的聚焦业务痛点的五个步骤，即高管访谈、团队共创、员工调研、焦点访谈、筛选差距，给了学习与发展人员一套非常具体的操作指南。

第三，学习不是"上课"，学习是个过程。绩效导向的学习项目应该是基于工作流的学习，既然是工作流学习，就需要根据学习内容选择相应的学习形式。从学习场景的维度来区分，包括线上学习和线下学习。但改变行为的学习还应该包括良好的学习体验和工作支持。因此，"学习转化"和"学习体验设计"将决定一个学习项目是否真的做到了"绩效导向"，只有支持绩效改善的学习项目才是业务所需要的。本书用很大篇幅详细地讲解了设计学习转化的不同策略，以及如何设计体验活动，并给出了具体且非常实用的例子，包括热身类活动、交流类活动、成果展示类活动等。

第四，学习项目不仅仅是培训部门自己的事，既然是业务导向，它就需要利益相关者的介入和辅助。所以，从启动项目，就需要确定项目的利益相关者，包括但不仅限于公司高管、业务管理者、供应商及业务专家等，组成一个项目团队。如何组建项目团队，本书也给出了具体的实施案例。从项目的前、中、后三个阶段，以及流程、人员及外部环境三方面进行设计，这样做才能够强化实施管控，确保项目的顺利交付。

第五，学习与发展人员的日常工作不是一次课又一次课的组合，而是一个项目的运作。虽然每个学习项目解决的问题不同，衡量的结果也不相同，但是，"做中学，学中思"是每个学习与发展人员都应该具备的能力。因此，项目的复盘应该是工作中的一部分，盘点项目、复盘过程，提炼经验，持续改进，每个复盘环节都是为下一次学习项目的成功运营奠定持续改进的基础。

第六,"好项目"是设计出来的。 这里的"好"不是指形式上的"花架子",而是指向业务痛点的解决方案;这里的"设计"也不是"花里胡哨"的活动点缀,而是要基于对业务实质性的了解以及对学员学习动机的洞察。因此,正如本书中引用的丹麦学者克努兹·伊列雷斯的全视角学习理论模型所示:学习项目不仅要考虑到所处的业务"环境",同时也要考虑到学习者本人的学习动机及相适应的学习内容。只有环境、动机和内容三者同时被"激活",学习项目才有价值!

周涛博士
韬钰咨询创始人、首席顾问

| 推荐序二 |

朋友问我:"在事业发展中,最幸运的是什么?"

我笑着回答:"当然是贵人相助。"

贵人之中,有的是身体力行、出手相助的朋友,有的是为你提供资源、纾难解困的朋友,有的是帮你牵线搭桥、推介机会的朋友,他们的帮助会让你渡过难关,获得转机。而能够让自己收获成长、持续进步的,无疑是那些能够影响你的认知,并提供建设性意见的良师益友。本书作者于熔、张鸿飞正是这样的伙伴。

我们曾是亲密的战友。两年前,我们和团队历时10个月圆满完成了中国电信OKR全国试点项目,得到了客户上下各方的积极评价和高度认可。那是我职业生涯中弥足珍贵的记忆,每每想起都会让我感受到由责任感驱使的无穷动力。

彼时,随着众多头部企业的应用,OKR在中国获得了越来越广泛的关注,很多组织积极拥抱这种先进的工作方法。遗憾的是,大多数组织缺乏自身专业力量,而在寻求外部专业力量支持时,往往只能获得知识普及式的培训,无法有效解决组织在实践OKR的过程中遇到的困扰和实际问题。在这种背景下，我们立志创新OKR赋能的方法，帮助企业有效运用OKR解决经营管理问题，从而获得绩效的提升和组织的精进。

问题是，尽管我们团队都是咨询顾问出身，相对于单纯提供课程的培训者来说，我们在精准识别问题、系统解决问题方面更胜一筹，也具备系统构建和方案设计的专业能力，但归根结底，我们所做的依然属于传统咨询的"方案交付"，无法充分支撑将OKR内化为组织能力的需求。如何将"方案交付"转变为"能力复制"，为组织培养一支深刻把握OKR底层逻辑和核心思想、熟练掌握OKR实践技术并能够创造性解决问题的专业力量，是我们亟待突破和解决的课题。

幸运的是，本书的主创团队加入了我们的项目组。从访谈调研、系统设计、理念共识、理论培训、技能训练，到实战场景中OKR的制定、对齐、跟踪、辅导、评分、复盘的教练辅导，仅在项目第一阶段的四个月内，我们一起在客户现场服务的时间就长达27个工作日。那段日子，我们白天在客户现场服务，晚上回到酒店就聚在一起复盘。与其说是复盘，倒不如说是我在接受众人的批判和挑战。大家率真坦诚的反馈，刷新了我的认知；不遗余力的辅导，革新了我们的实践方法。

认知论决定方法论，是这段经历给我的最深切的体悟。

记得于熔在一次复盘时讲道："OKR绝不是个培训项目。很多企业寄希望于通过几天的培训就将OKR落地是不现实的。"的确，OKR对组织而言，是战略落地的实施路径；对团队来说，是创新的生产方式；对员工而言，是好方法和好习惯。OKR所蕴含的是严密的业务逻辑和严谨的工作闭环，而这些价值的实现，单靠知识普及和技能训练是无法保障的。正如作者在本书中写道："今天的学员……需要的是一个综合性的发展支持系统，去支持他们的专业能力提升和心智模式突破，最终帮助他们熟练地应对复杂的工作挑战。"

"综合性的发展支持系统"道出了我思考很久却没能凝练表达的价值，揭示了解决当前培训手段与企业本质需求这一主要矛盾的根本解。人们常说"能干"，认为有了"能"，就会"干"得好，于是一股脑将注意力都放在如何"赋能"上。毋庸置疑，任何赋能手段都必须以终为始，以绩效提升为导向。毕竟，没有人会为学而学，大家期待的一定是实实在在的改变，也没有任何企业会为了用OKR而用OKR，它们的目的一定是突破组织的卡点，解决自身特定的经营管理问题。

要想改造客观世界，先要改造主观世界。本书开宗明义，厘清了组织学习的本质认知，揭示了学习项目的底层逻辑，并基于作者团队二十多年长期实践的试错学习与成功经验，构建了"学习项目设计七步模型"，为我们呈现了将输入顺畅转化为输出、让学习有效转化为成果、使赋能严密嵌套绩效的逻辑路线图。这种基于用户视角的前瞻构建，无疑是令人鼓舞的！

更让我感到振奋的是，本书提供了建立在系统思维之下基于广泛应用场景的一揽子解决方案。

OKR虽然有统一的目标描述范式和相对成熟的运用模式，但要想真正发挥其效用，必须使其符合组织的行业特性，匹配组织的发展阶段，满足组织的业务需求，适应团队的应用场景。因此，每一个项目都需要我们根据客户的战略意图和特定的阶段性目标进行专属设计，为客户定制开发。自然，其中充满了不确定性，也对我们构成了挑战。正因如此，我们面对新项目时总是慎始敬终、如履薄冰。

如果能找到一套完整、系统的方法论，获得深入、细致的实践指导，自然会将诸多不确定性变得更加可控，提升项目的成功概率。为此，我经常翻看当时复盘的笔记，从本书作者们提出的意见和建议中探寻答案、提振信心，比如如何界定核心需求，如何凝聚目标共识，如何设计内容结构，如何聚焦突出重点，如何顺畅转换环节，如何贴合应用场景，如何连接引发动机，如何互动增强体验，如何鼓励学员创新，如何帮助学员转化，如何巩固项目成果……

我是非常幸运的，得到过作者团队近一年时间的贴身指导，避开了很多人常常落入的大坑，少走了很多弯路。其间的思考让我坚定了在中国运用OKR教练辅导方式为企业OKR学习项目保驾护航的信念；其中的沉淀也驱使我创办了中国OKR教练网，立志于持续提升中国OKR教练的专业水平。更加难得的是，本书作者也作为创始成员加入了中国OKR教练网，帮助更多组织运用学习项目的设计思想和实践技术，获得OKR长期实践的成功。

我曾跟鸿飞提道："什么时候把你们的方法结集成书，让更多培训人和咨询师转变方式跟上时代的需求，也让更多组织从中受益少走弯路？"他笑而不答。

没想到，这么快"学习项目设计七步模型"就呈现在了我们面前。作者毫无保留地将需求调研、内容设计、体验设计、宣传设计、实施设计、复盘设计和方案设计七个维度的实践技术倾囊相授。毫无疑问，这些宝贵的经验，将让我们对学习项目的实用性、实操性和实效性充满信心。

作者嘱我作序推荐，说实话，我是诚惶诚恐的，毕竟自己算不上是培训领域的专业人士。我想，不妨作为先学一步的老学员谈谈自己的感悟和思考吧。毕竟，我是幸运的，已经从中受益良多。

当然，你也是幸运的。因为，有了捧在手上的这本书！

李靖

《OKR完全实践》作者、《OKR教练实战手册》译者，

中国OKR教练网创始人

| 前　言 |

感谢你选择了这本书。

这是一本帮助企业培训管理者转型成长的实践手册,也是一本教你设计学习项目的实战指导手册。

我们是墨伴咨询,伴随众多国内企业走过了培训的蒙昧期、启蒙期和热潮期,我们正在陪伴更多伙伴进入企业培训的反思期。

二十多年前,我们刚进入培训行业,那个时候客户的培训需求很简单,往往一句话就可以说清楚,例如我们想请个老师讲讲执行力,或者我们想请个老师给中层干部讲讲怎么定位自身角色。与此相对应地,我们的解决方案也很简单——借由各种资源和合作伙伴,尽可能找到某个"讲得好"的老师去上课就行,这里"讲得好"的标准一般是课堂氛围生动有趣、学习内容紧贴岗位实际、授课老师风趣幽默等。

大约从十年前开始,我们听到的客户需求逐渐发生了变化,出现了很多来自企业生产一线、聚焦组织业绩改善的培训需求,例如:

"怎么将这批新人逐渐培养成转型战略下组织需要的专业能手和管理能手?"

"新晋的管理人员到底该怎么培养,才能让他们真正地带好团队?"

"能不能用三天的时间,让这些内训师既懂课程开发,又能现场开发出几门课程,还能提升他们的授课水平?"

"如何通过培训让这些被转岗人员快速转变心态,主动积极地投入到新岗位中?"

"有没有什么培训方案是真正能够提高一线销售人员的销售业绩的?"

……

不难发现,同前期单纯采购某类培训课程相比,以上诉求有两个显著的特点,使得培训工作较之以往难度翻倍。

一是这些诉求要求培训工作必须脱虚向实、服务业务。培训必须帮助组织解决具体的业务或管理问题,这是企业管理者的共识。让培训工作真正帮助组织解决业务或管理问题,培训工作者必须转变角色,主动熟悉业务、服务业务。

二是这些诉求需要通过设计系统性的学习项目方案来达成。原来单纯式的上课无法满足组织的需要,组织需要培训工作从业务现状出发,进行大量的前期调研、系统分析、原因剖析和跟进落实,真正按照持续改进的思维去助力组织绩效改善。

以上两点变化显示出企业管理者对于培训工作前所未有的重视和期待,但也对培训管理者的能力提出前所未有的挑战。曾经的培训管理者以协调资源、组织培训和提供支撑为主,今天的培训管理者更需要成为学习项目设计师、组织绩效改进师、组织经验萃取师等新的角色。面对学习项目设计的新需要,无数的培训管理者希望有一套成熟的工具和方法来帮助大家去设计开发出适合企业的学习项目。我们也一直在寻找,遗憾的是,到目前为止,我们尚未找到。但我们又能清晰地意识到,学习项目设计几乎是所有企业培训管理者的共性痛点。

因此,我们想做一次这样的尝试,基于自身设计学习项目的实践经验写一本书。这种尝试的勇气来源于我们有一个平均年龄32岁、平均从业年龄13年的团队，来源于我们过去20余年在培训行业的积累和沉淀，更来源于所有客户给予我们的支持和鼓励。

于是，这本书就诞生了。基于多年学习项目设计和实践经验，我们在这本书中提出"学习项目设计七步模型"。该模型可以帮助我们从需求调研、内容设计、体验设计、宣传设计、实施设计、复盘设计和方案设计七个维度进行学习项目设计，以需求调研为基础，突出项目内容和活动形式的创新统一，打造寓教于学、寓乐于学、寓践于学的实用型学习项目。这个模型是本书的核心，每章内容均围绕这个核心展开。

我们必须承认，这不是一本理论宏大的书，更不是一本行业权威的书，它仅仅是一本来源于实践，适用于实践的参考书。为了让大家更有效地阅读和运用这本书，我们给出三点建议。

第一，如果你希望快速浏览本书，那么你可以选择阅读目录，从中你能够根据自己的需要选择感兴趣的章节。

第二，如果你已经具备一定的学习项目设计和实践经验，那么你可以结合学习项目设计七步模型进行自我评估，找到个人学习项目设计中相对的能力短板，以便在对应章节找到可能的参考答案。

第三，如果你希望系统地学习学习项目设计，那么你可以从头到尾依章节阅读，并认真练习每章节中分享的工具，同时记录下练习带给你的感受和属于你的工具使用心得。

作为一家具有25年培训咨询领域实践经验的企业，能够将自身的工作方法和管理经验结集成书，并不容易。我们要感谢25年来所有给予我们帮助的客户、朋友和合作伙伴，正是在服务你们的过程中，我们得到了不断的成长和积累；感谢机械工业出版社的专业编辑，你们的专业度和尽责精神让我们印象深刻；更要感谢多年来陪伴我们并肩战斗的同事，是你们给了我们写作本书的动力和能量！

这本书是墨伴咨询聚焦人才发展主题的系列丛书之一,虽然我们竭尽全力想让它完美一些,但受作者团队阅历和学识水平的限制,我们相信它仍然有很多值得改进的地方,我们诚邀所有热爱培训咨询工作的朋友,不吝赐教。

于熔

| 目 录 |

推荐序一
推荐序二
前　言

第1章　学习项目与学习项目设计七步模型　　1
学习是怎么发生的　　2
　　学习是什么　　2
　　知识学习到知识应用的心理过程　　5
　　培训是企业员工快速成长的重要途径　　6
培训是有用的，但项目学习才是未来趋势　　7
　　培训是一种具有能力边界的学习行为　　7
　　从课程培训走向项目学习是当前企业培训的新态势　　9
　　学习项目的定义和特征　　11
以绩效提升为导向的学习项目设计　　12
　　组织的四层次需求理论　　12

项目学习聚焦员工能力的系统化提升	14
培训管理者必须向学习发展顾问转型	16
学习项目设计七步模型	18

第2章　立足公司战略，聚焦业务痛点　　21

高管访谈，紧跟战略目标	23
什么是高管访谈	23
如何进行高管访谈	24
高管访谈提纲的问题类别	29
高管访谈中需要注意的事项	31
团队共创，发现业务痛点	32
什么是团队共创	33
如何进行团队共创	34
团队共创的问题清单	35
团队共创的准备工作及注意事项	36
员工调研，了解一线需求	38
什么是问卷调查法	38
如何开展问卷调查	39
如何设计高质量的调查问卷	41
焦点访谈，了解基层实际	47
什么是焦点访谈法	48
焦点访谈的提问逻辑	49
粗线条回答的深度挖掘	52
筛选差距，确定核心痛点	56
什么是行为工程模型	57
学习项目聚焦于个体因素的改变	59
学员画像及关键能力差距描述	61

第 3 章 策划学习内容，匹配改进需求   67

制定学习目标   68
- 什么是学习目标   68
- 为什么需要制定学习目标   68
- 学习目标制定中的常见问题   69
- 学习目标制定的方法：ABCD 法   70
- 学习目标衡量的方法：SMART 原则   73

策划学习主题   75
- 什么是学习主题   75
- 优秀学习主题的特点   75
- 确定学习主题的原则   77
- 如何确定学习主题   77
- 常用学习主题的类别   80

匹配学习内容   81
- 什么是学习内容   81
- 学习内容匹配的原则   81
- 如何匹配学习内容   84

选择学习形式   89
- 什么是学习形式   89
- 不同学习形式带来的学习效果的差别   89
- 四化学习情景   90
- 常用的学习形式   92

设计学习转化   97
- 什么是学习结果转化   97
- 学习结果转化的影响因素   98
- 学习结果转化的三个阶段   99
- 常用的学习结果转化方法   100

遴选学习师资 102

  师资与学习项目的关系 102

  内外部师资优劣势对比分析 103

  师资选择的关注点和建议 104

第 4 章 重视体验活动，促进学习发生   109

为什么要重视学习体验 110

  学习体验深度影响学习的发生 110

  学习体验没有最好只有更好 111

打造学习体验的三个原则 112

  从项目目标出发 112

  以学员为中心 114

  以关键节点为抓手 115

学习活动是重塑学习体验的法宝 117

  热身类活动 117

  交流类活动 124

  成果展示类活动 129

第 5 章 加强项目宣传，扩大项目影响   135

为什么要做学习项目宣传 136

  项目经验沉淀的需要 136

  扩大优秀项目影响的需要 136

  优秀项目产品化的需要 136

  搭建内部学习品牌的需要 137

常见的五种项目宣传工具 137

  H5 海报 137

  长短视频 139

PPT 专题汇报	140
企业信息稿	144
项目投稿	146
学习项目产品化的实践与思考	147
什么是学习项目产品化	147
如何将学习项目产品化	148

第6章　强化实施设计，确保顺利交付　155

如何组建项目交付团队	156
交付团队的规模和角色	156
项目团队组建中的三个关注点	157
如何设计项目实施标准	158
流程因素的设计	158
人的因素的设计	159
外部环境因素的设计	161
如何设计项目过程管控	162
前期筹备阶段的设计	162
中期实施阶段的设计	166
后期总结阶段的设计	167

第7章　复盘项目成果，沉淀优秀经验　171

何为复盘	172
什么是学习项目复盘	172
学习项目复盘的特点	173
为什么要做学习项目复盘	175
如何进行学习项目复盘	179
三种常用的复盘方法	182

学习项目复盘的产出　　　　　　　　　　　　　　189
学习项目复盘实践　　　　　　　　　　　　　　　　　190
　　　如何对短期学习项目复盘　　　　　　　　　　　190
　　　如何对长期学习项目复盘　　　　　　　　　　　194

第8章　输出项目方案，赢得资源支持　　　　　　　201

项目方案设计七要素　　　　　　　　　　　　　　　　202
　　　什么是优秀的学习项目方案　　　　　　　　　　202
　　　项目方案的制订流程　　　　　　　　　　　　　203
　　　优秀学习项目方案七要素　　　　　　　　　　　204
　　　项目方案可行性评估　　　　　　　　　　　　　214
　　　项目方案审核和校正　　　　　　　　　　　　　216
项目方案的两种呈现形式　　　　　　　　　　　　　　217
　　　项目方案的常用呈现形式　　　　　　　　　　　217
　　　Word 和 PPT 呈现形式的关注点　　　　　　　218
　　　两种呈现形式之间的联系　　　　　　　　　　　221
项目方案的演讲技巧　　　　　　　　　　　　　　　　224
　　　好方案需要有力的演讲　　　　　　　　　　　　224
　　　方案演讲中普遍存在的问题　　　　　　　　　　225
　　　讲清楚的内在逻辑：结构性思维　　　　　　　　226
　　　讲精彩的内在逻辑　　　　　　　　　　　　　　235
　　　破解紧张问题　　　　　　　　　　　　　　　　242

参考文献　　　　　　　　　　　　　　　　　　　　244

Learning project design
complete practice

第 1 章
学习项目与学习项目设计七步模型

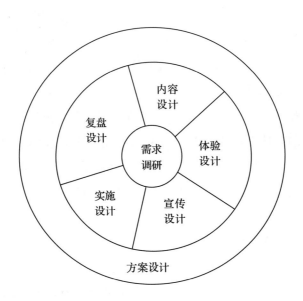

学习是怎么发生的

学习是什么

每当我们提到"学习"这个词,脑海里很容易出现这样一幅画面:一位戴着黑框眼镜、身着笔挺西装的老师正在讲台上手舞足蹈、滔滔不绝地讲课,讲到关键处时整个人眉飞色舞、神采飞扬。一群学生模样的人正端坐在台下,眼睛齐刷刷地看着老师,时不时低头记着笔记。"好好学习,天天向上"这八字箴言几乎是我们每一个人对于学习的共同记忆。

那么学习仅仅是指课堂上"老师教、学生听"这件事吗?显然不是,它有更为广泛的含义。

各类词典中对"学习"有着两种不同但相互关联的释义。一种是从过程论的视角看学习。《现代汉语词典》和《简明不列颠百科全书》中均认为:学习是通过阅读、观察、听讲、研究、实践获得知识或技能的活动。这个解释和我们大部分人的认识是比较一致的,学习更多的是一种获得知识和技能的活动,偏向过程层面。另一种是从过程论和结果论相结合的视角看学习。《教育大词典》将学习定义为"作为结果,指由经验或练习引起的个体在能力或倾向方面的变化。作为过程,指个体获得这种变化的过程。它与成熟、适应、疲劳、药物等引起的变化的不同点是:第一,学习能相对持久保持,而非短暂保持。第二,由后天的经验或练习引起,不包含由生理成熟等引起的变化"。这个解释将学习的结果定义、过程定义和特点都加以考虑,更加全面。

我们更认同过程论和结果论相结合视角对于学习的定义。学习不仅是指知识或技能习得过程的发生,还应该包含这种发生带给学员能力或认知方面的改变。丹麦教育大学教授、心理学博士克努兹·伊列雷斯(Knud Illeris)提出的全视角学习理论正是对以上定义的最好阐释。

克努兹教授吸收心理学、生理学、脑科学等多个学习领域的研究成果，提出全视角学习理论。在该理论中，他用一种广义而开放的视角，把学习界定为发生于生命有机体中的所有导向持久性能力改变的过程，这个过程包含两个子过程和三个维度。

全视角学习理论认为所有的学习行为都是聚焦学员的能力改变的，在这个改变的过程中，主要存在着获得与互动两个过程和内容、动机及环境三个维度。

获得过程指个体在各种动机的驱使下，对于内容的接收和吸纳的过程；互动过程指个体与环境之间的互动，这个过程通常最容易被察觉。克努兹教授认为，只有这两个过程同时活跃，学习才能真正发生。他用两条双箭头线来呈现这两个过程（见图1-1）。

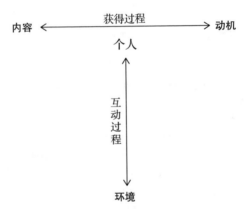

图1-1　全视角学习理论模型

如图1-1所示，一条双箭头的横线代表学习的获得过程。学习的获得往往是学习内容和学员内在学习动机的作用过程，最终的结果是帮助学员内在心智发生变化，通常是将新的刺激、影响与相关的早期学习成果联结起来。

另一条双箭头的竖线代表学习的互动过程。箭头底部是环境，上部是个人。之所以如此呈现，是因为该理论认为环境是互动过程发生所依赖的基础，而获得过程发生在个人，且个人是获得过程和互动过程的结合点。

基于对以上两个过程的分析,如果我们要充分理解和分析一个具体的学习场景,那么内容、动机和环境这三个维度就需要自始至终被考虑到。

内容维度关注的是我们学什么。在传统观念中这个内容指知识、技能以及态度,而在克努兹全视角学习理论中,内容不仅包含知识、技能和态度,还应涉及个体在所处的社会文化情境中所掌握的那些诸如理解、洞见、意义、连贯性和概括等描述性词汇的含义及运用能力。除此之外,学习内容还包含个体对自身倾向、偏好、优势和弱势等的认知。

动机维度是指实现一个学习过程所需要的心智能量。这种心智能量是学习的驱动力,它体现在个体的动机、情绪、态度和意志,个体将其投入到学习情境或学习过程中最终促使学习结果达成。在学习的获得过程中,内容和动机之间存在着紧密的相互作用的关系,即内容受到心智能量(动机)的影响,而个体的动机、情绪、态度和意志等也会受到学习内容的影响(见图1-2)。

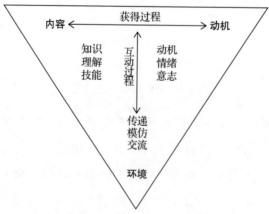

图 1-2 全视角学习的影响维度

环境维度指个体与环境之间的互动。这里的环境不仅指外部的物理环境,还包括个体所处的社会历史和文化环境。克努兹教授认为所有的学习都是在某个具有社会性和人际交往特征的情境中发生的,通过和个体发生互动成为学习不可或缺的一部分。一般来说,当个体在互动中投入越多,学习发生的可能性就越大。在实践中,这种互动有多种呈现形式,通常说的感知、传递、经验、模仿、小组活动、交流等都是典型的形式。

知识学习到知识应用的心理过程

学习是心理学研究中最为重要且复杂的内容之一。前述学习的定义只是帮助我们理解了学习是什么,但"学习到底是怎么发生的"仍然吸引着大家的兴趣。大家都希望通过了解人们如何学习、如何记忆、如何转化等知识,改变自己的学习行为,让学习更高效、更有趣。

图 1-3 是《学习发展项目 6D 法则》中描述学习过程发生的简化版模型,它将人类的学习过程较为完整地呈现了出来。我们可以看到,学习过程从刺激输入开始到结果应用结束。输入的刺激吸引大脑的注意力,引起内外部感官的感知,如人体五感、饥饿、疼痛、欲望等,这些受到大脑注意的信息会紧接着被转化为短时记忆,并送到大脑中进行编码、整合形成对应的知识并存储为长期记忆。日后如果遇到合适的触发因素或者时机,大脑就会检索和调用这些内容,以应对当时的情景需要。

图 1-3 人们学习和应用知识的过程

任何学习都是一个接受刺激、形成知识、储存知识、调用并应用知识的完整过程。学员只有完成了整个过程,学习才可能真的发生。这也启示我们,对于所有的学习设计都必须基于以上过程进行系统思考,才可能真的让学习行为产生价值。可惜的是,我们组织的很多学习并没有实现如图 1-3 所示的闭环，很多时候停留在为了培训而培训的阶段。

培训是企业员工快速成长的重要途径

当我们了解了学习的定义和过程之后，有一个有趣的问题值得所有培训管理者思考——既然学习是一个全视角的获得、互动过程，并强调从输入到输出的完整闭环，那如果企业不组织培训，员工还会学习吗？答案当然是肯定的。从克努兹广义的学习概念中我们不难看出，所有导向持久性能力改变的过程都可以被称为学习。现实中，很多中小企业正式培训非常有限，员工通过一段时间的工作实践，逐步掌握工作方法并表现出优秀的工作能力，这期间显然是发生了"学习"。

那么第二个值得培训管理者思考的问题是：员工既然不培训也会学习，那么企业组织培训学习的价值又是什么呢？我们将这个问题抛给了一些职场人士，其中有公司高管、培训经理、骨干员工、咨询公司顾问和自由讲师等。我们从他们的回答中挑选出了几条具有代表性的答复。

"培训有利于缩短员工岗位适应期，提高岗位胜任力。"

"提高员工学习的效率，优化学习的方法和路径。"

"员工自己学习容易走弯路，公司组织培训可以获得各种资源支持，让员工按照普适性高的标准化路径走，减少试错成本和周期。"

"培训给学习动机不强、学习能力弱的员工提供明确的方法和工具。"

"培训等同于培养＋训练，员工通过培养获得章法，在训练中获得心法。"

从这些答复中我们可以反复看到提供方法和提高效率这些字眼，对此我们深表认同。与此同时，根据我们多年的培训工作实践，我们认为培训所追求的价值在于，在同等时间内最大限度地缩短员工岗位胜任力现状和期望之间的差距，进而促进组织绩效水平的提高。从企业管理者的角度来说，培训是提高绩效的管理手段；从培训管理者、人力资源管理者的角度来说，培训是缩小员工胜任力差距的干预措施；从员工的角度来说，培训是高效学习、快速成长的重要途径。

现在第三个值得我们深思的问题是：谁是培训的主角？是企业管理者、培训管理者还是员工？答案显而易见，员工才是培训的主角。无论是从学习的两个过程还是从学习的三个维度来看，学员本身所掌握的学习内容、所具有的自我认知和心智能量等对于学习结果都会产生重要影响，更通俗一点说，如果员工大脑空空又缺乏主动性，无法理解所有岗位知识和技能要求，那无论企业管理者和培训管理者如何使力，效果肯定都不会特别理想。

如果把培训比作一场戏，员工才是上台唱戏的主角，企业管理者和培训管理者都是搭台子的幕后人员。由此，我们引出了第四个值得探究的问题：企业管理者和培训管理者应该如何搭建好台子以促发员工唱出好戏？这也正是我们编写这本书的初衷，我们几乎要用整本书去回答这个问题，并试图基于我们的认知和实践给出一些参考建议。

培训是有用的，但项目学习才是未来趋势

培训是一种具有能力边界的学习行为

员工的能力提升是企业管理者和业务负责人都非常关注的话题，然而关于这个话题我们总是会面临下列问题：

学员认为一门课特别有用、有价值、有收获，但真正回到工作场景中需要应用时，很少能够想起课程里面的方法和工具。

员工学习某个方法和工具，培训管理者不知道后面如何跟进他们的应用？

如何让相关领导真正认可短时间培训的效果？

……

类似疑惑由来已久。这些问题的核心关注点是：培训到底有没有用？

这是培训行业的终结性问题,也被称为每个培训从业者的灵魂之问,到目前尚无确定性的答案。但我们认为,培训有没有用取决于培训到底能解决什么问题。

我们必须承认,培训是一种具有能力边界的学习行为。著名的培训大师鲍勃·派克(Bob Pike)说过,"培训是第六个解决方案",前五个分别是公司战略、经营策略、市场变化、公司政策和业务流程。只有在前五个解决方案全部都用过了,还没能解决问题的时候,组织才可以尝试使用培训这个工具,因此培训本身并不是万能的,它是其他解决方案背后的"第六选择",具有天然的能力边界。

那培训的能力边界到底在哪里?众多的培训从业者都给出了探索性的答案。大家较为一致地认为,培训的价值是紧紧围绕学习对象的能力提升来实现的,因此培训的能力边界主要体现在影响学习对象能力提升的三个关键因素上(见图1-4)。这三个关键因素分别是知识(knowledge)、态度(attitude)和技能(skill),也就是培训主要帮助组织解决学员知道不知道、愿意不愿意和会不会的问题。

图1-4 培训的能力边界

▶ 知道不知道的问题:重点弥补学员在具体知识内容上的差距。
▶ 愿意不愿意的问题:重点弥补学员在工作态度、意愿上的差距。
▶ 会不会的问题:重点弥补学员在工作技巧技能上的差距。

显然，培训有没有用取决于管理者期待培训解决的问题和培训自身能力边界之间的差距。当管理者期待解决的问题在培训自身能力边界以内时，企业管理者、培训组织者和学员都会认可培训的价值，反之则不然。例如管理者希望通过组织培训快速实现某个群体的业绩改善，这个问题的范围太广，单纯的知识、态度和技能改变都不一定能实现，需要更多咨询工具的介入才可能完成。

从课程培训走向项目学习是当前企业培训的新态势

2010年，在美国培训与发展协会（ASTD）大会上，安得鲁·杰斐逊（Andrew Jefferson）发布了学习转化的6D法则。他认为当前企业主流的组织学习还是课程培训，但组织中基于学习项目的学习比例正在扩大，更重要的是，新增的组织学习大多基于项目设计和开发。自此，学习是一个过程且逐步趋向于项目式的理念开始在一些标杆企业中得到广泛认可。

我们相信，大部分的培训行业从业者都会有这样的感受：在企业培训蓬勃发展了30年的今天，培训正在变得越来越难以定义和定位。我们可以深刻地感受到，今天的学员比以往任何时候都更需要培训，但他们又不仅仅只需要某一门课程的学习，他们需要的是一个综合性的发展支持系统，去支持他们的专业能力提升和心智模式突破，最终帮助他们熟练地应对复杂的工作挑战。

一些数据或许也可以说明这种变化。近几年，培训咨询公司单纯的课程销售变得越来越难，客户想要的远比课程本身多得多。我们私下了解了一下，从客户角度看，企业管理人员年度培训中学习项目交付的比例五年前不到10%，现在超过了60%；从培训公司角度看，我们熟悉的几家一线的培训咨询公司，这两年一线城市课程交付量下降40%左右，单门课程的销售和交付变得越来越难，目前课程销售的趋势是正在被逐步地整合到相应的学习项目之中，因此学习项目才是企业培训的未来。

那到底什么是学习项目？简单来定义的话，通过系统设计给学员提供综合性发展支持的培训活动称作学习项目。

从传统课程培训走向项目学习是当前企业培训的新态势，我们必须了解传统课程培训和学习项目之间的区别，具体如表1-1所示。

表1-1 课程培训与项目学习的区别

要素	课程培训	项目学习
出发点	学习需求	绩效需求
着力点	师资和课程	综合解决方案
人力资源部定位	资源协调+活动组织	伙伴协助
评估层次	一级和二级	三级和四级
成本思维	花钱	挣钱

首先，两者的出发点不同。课程培训以某部门某群体的某个学习需求为出发点，项目学习以组织目前存在的绩效需求为出发点。其次，着力点不同。课程培训以提供培训授课作为解决方案，以师资和课程为着力点，项目学习聚焦核心痛点，提供综合解决方案。再次，人力资源部定位不同。课程培训中人力资源部以资源协调和活动组织的角色参与其中，项目学习中人力资源部则是以业务伙伴和咨询参谋者的角色参与其中。最后，评估层次不同。课程培训只能聚焦在柯氏四级评估的第一级和第二级，项目学习则可以延伸到第三级和第四级。当然，还有一个非常重要的差异点，课程培训聚焦业务部门的培训需求，通过花钱的方式帮他们解决，而项目学习则聚焦业务部门的真实业务差距，通过帮业务部门挣钱的方式帮他们解决。

例如，某企业文化部门提出宣贯企业文化的培训需求。按照传统课程培训的逻辑，培训经理需要通过各种渠道去寻找能够宣贯企业文化的内外部师资，最终安排半天的集中性学习来完成宣贯任务。宣贯任务完成了，但培训需求真的满足了吗？不一定，这取决于宣贯结果。但宣贯结果很难说好，也很难说不好，一般我们都会用仁者见仁智者见智来评价。如果换成项目学习的逻辑，这次学习应该怎么组织呢？首先，培训经理需要搞清楚企业文化宣贯这件事最终的目标是什么。如果目标是人人达标、入心入脑，那么简单的培训可能就不奏效。其次，依据学习目标进行学习项目设计，比如基于入心入脑的宣传目标，宣贯内容可以做成微课，通过客户端让员工利用碎片化时间学习；可以做成专题海报上墙展示；可以组织专门的企业文化知识竞赛，以赛促学，帮助员工理解；可以组织定期的企业文化考试和心得分享，推进企业文化大学习。以上这些举措中的任何一个都比组织培训的效果更明显。培训负责人只要将以上这些举措进行系统整合，就可以输出该企业文化的学习项目方案。这就是项目学习的思维，始终聚焦在目标的达成上。

学习项目的定义和特征

按照国际工程项目管理的标准定义，项目是一个非例行的、为达成一个目标（例如制造一种产品、提供一种服务）需要付出努力的临时性任务。

从这个定义中，我们可以看出项目具有的特点。

（1）非例行性：项目本身并不是日常专门化的工作，它是组织在特定时间点基于特定目的发起的临时性工作任务。

（2）专属性：项目是为达成具体目标而设立的，具有特定任务和特定时间点的标签特征。

（3）系统性：项目往往是将往常众多点状工作进行系统性集合，用以达成组织的某个特定目标。

（4）过程性：学习项目为确保特定任务达成而设立，必然要求辅之以全过程的闭环管控。

（5）目标性：项目因特定目标而生，也因为特定目标的达成而结束。

不可否认，以上项目的定义仍然带有浓厚的工业时代的特点。今天项目定义的外延已经扩大到了学习工作的各个方面，我们倾向于将需要闭环管控的过程性事件都称为项目，所以现在也被称为"事事皆项目、人人为项目"的时代，项目管理正在成为政府和企业管理的重要内容。

那什么是学习项目？借鉴国际工程项目管理以上定义的部分内容，并结合多年的工作实践，我们认为，学习项目就是聚焦组织当前具体的业务或管理需求，在原有课程培训的基础上，把更多维度、更多形式和更多管理工具加以系统考虑，从推动业务目标达成、管理效能提升的角度组织实施的学习活动。

从以上定义，我们可以看到学习项目有以下四点特征。

（1）注重建构。企业组织学习都是群体性行为，天然具有社会建构的特征。学习项目充分利用群体性行为中的合作学习和社会化学习方法，比如学员之间的协作学习、指导反馈、激发共创、互相教练，等等。

（2）注重过程。有效的学习必然是一个过程，但任何学习都无法单纯靠课堂学习来有效完成，还需要思维建构、系统训练和应用转化等环节；传统的培训模式认可学习是一个过程的理念，但在具体的学习中难以有效落地。

（3）注重转化。现在企业管理者越来越关注培训的效果，课程培训的满意度再高也无法带来可管理的学习绩效。而学习项目通过设计丰富的学习活动和学习内容，可以持续促进学员学习内容的吸收和转化，让"学习内容"真正成为"学员的内容"。

（4）注重体验。学习是一个过程，学员和众多相关人员参与其中，他们的感知会直接决定学习结果。学习项目以多样化的学习方式和丰富的学习体验聚焦学习结果达成，是项目学习和课程培训最大的差异点。

以绩效提升为导向的学习项目设计

组织的四层次需求理论

借鉴马斯洛的个人需求层次理论，绩效改进理论认为，组织也存在自身的需求，组织需求可以分为相互关联、相互促进的四个层次，分别是业务需求、绩效需求、员工能力与工作环境需求（见图1-5）。

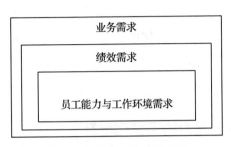

图1-5　组织四层次需求理论

业务需求是指组织为了获得成功必须达到的业务目标，是可以量化的，如市场占有率、销售额、客户满意度、营业利润等，是组织生存的基础需求，也是组织的最高需求。绩效需求是为完成组织业务目标和经营战略，个人和团队必须达成的业绩目标或表现出来的行为，一般表现为个人或团队的 KPI（关键绩效指标），包括团队或个人销售指标、项目交付质量等。员工能力需求指的是员工个人的知识、技能、体能和智商等。工作环境需求包括工作中的激励制度、工作流程、工作氛围等软环境及办公设备、生产设施等硬环境。

业务需求和绩效需求关注组织近期和远期业务目标达成，直接服务于业务或组织发展，事关组织的生死存亡，属于战略性需求。员工能力和工作环境需求致力于消除影响组织目标达成过程中的障碍，聚焦原因分析，设计解决方案，属于战术性需求。

例如，某企业年度目标之一是客户满意度提升5个百分点，这也是企业年度业务需求之一。对于负责客户满意度工作的市场部门来说，优化客户服务流程，将客户服务时间由15分钟压缩到10分钟可能就是市场部的绩效需求（KPI）之一；重新修订企业内部客户服务流程、完善客户满意度的管理办法、改善客户服务人员的工作环境、优化客户服务人员的激励制度等都属于对应的工作环境需求；具体落实到客服人员的服务能力提升则属于员工能力需求。

绩效改进理论认为，和人的需求满足类似，组织需求的满足也有一个从低到高的过程，即任何组织都是通过先满足战术性需求，进而去支撑其战略性需求实现的。如上例中，服务人员能力提升和工作环境改善、服务流程优化均属于战术性需求，这些战术性需求得到满足才可能支撑市场部的绩效需求和公司业务需求的最终达成。

项目学习聚焦员工能力的系统化提升

项目学习必须服务组织绩效改善，这是学习项目设计的出发点。但传统课程培训也是可以服务组织绩效改善的，那项目学习有什么不同吗？如图1-6所示，传统课程培训以帮助学员掌握对应的方法和技能为主，辅之以部分转化运用，无法完整地呈现学习结果的达成程度，更不能举证学员绩效改善和学习行为之间的关系。项目学习则在聚焦学习方法和运用方法的同时，在设计环节就对学习结果的价值转化提出了具体路径和验证方式，辅之以丰富的学习活动和学习形式，确保学习结果能够真正促进学员的能力提升。

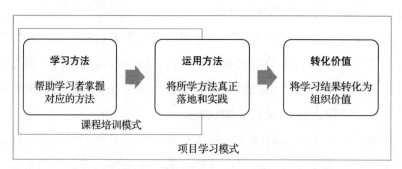

图1-6　课程培训与项目学习在学习转化方面的关系

| 实例 |

某公司管理者在青年员工座谈会上发现，公司青年员工普遍存在

公众场合表达紧张、思维组织混乱和语无伦次的现象，要求人力资源部门加强青年员工思维和表达能力方面的培训学习。企业培训负责人经过认真调研和分析发现，青年员工因为思维方法和工具的缺失，导致他们在日常表达中不知道怎么做到想清楚、说明白，所以出现紧张且语无伦次的现象。按照以往的课程培训思维，培训负责人一般会为青年员工安排一门思维与表达类的课程来学习，历时1～2天，至于学完之后青年员工的表达能力是否真的得到了提升，很难进行评估和管理，但从交差的角度来说，人力资源部做了自己该做的事情。如果用项目学习的思维来做这件事，做法和结果则大不一样。培训负责人的角色会转型为组织的学习发展顾问，他会将真正帮助青年员工系统提升思维表达能力作为本项目的项目目标，然后在外部咨询机构的辅助下，设计出青年员工"结构性思维"实战训练营学习项目，将1～2天的课程内容设计为三天两晚训练营。同时，从学习结果转化的角度来看，他要求青年员工带着自己往期的工作总结来参训，现场跟着授课老师学习理论方法，直接使用自己的工作总结进行实战练习，再辅之以团队分享、上台演讲等活动形式，最终真正实现青年员工人人掌握这套思考表达工具和方法，真正达到提升思维的目的。这是我们做过的真实项目案例，很多年后，当时参与训练营学习的学员仍然对这个训练营记忆深刻，很多人都说这个训练营改变了他们的思维方式，更改变了他们的职业路径。

再如，国内三家通信运营商的市场竞争日趋白热化，为了实现业务的持续增长，三家之间先后上演过价格战、异网策反、宽带攻防等不同类型的故事。前几年，为了快速拓展沿街商铺等商业客户市场，某运营商依靠自身内部企业大学的资源，引进外部专业咨询团队的力量，设计了一套全新的商客经理项目实战训练营。

该训练营分为前期准备、集中实战、项目结营三个阶段。在前期

> 准备阶段，项目团队会完成市场调研、商户摸底、队伍组建、套餐设计、资源匹配等工作。集中实战阶段共四天时间，实战的模式是上午外部实战专家讲授方法和工具，下午由授课专家带队去营销，现场演示方法和话术等，晚上则对今天所有的实战结果进行复盘和总结。项目结营阶段则主要以展现项目实战结果、总结具体工具表单和经验打法为主。这样的学习项目聚焦企业销售目标达成，训战结合，在项目实施的过程中既学习了销售工具和方法，也实战了具体的操作要求和注意事项，还完成了相应的销售任务，总结了一套本地化的实战销售经验，真正达到了一箭四雕的目的。

培训管理者必须向学习发展顾问转型

在课程培训向项目学习转变的新态势下，为满足所在公司组织能力持续提升的需要，传统的企业培训管理者必须向学习发展顾问转型。

（1）组织的需要：VUCA时代，企业的外部市场环境、业务形态和内部管理都变得模糊化，企业的很多管理行为和管理举措都已进入了"摸着石头过河"的阶段。在这种模糊的状态下，员工能力成为组织应对外部不确定性的重要抓手，只有员工能力得到快速提升，组织才有可能基于员工能力进行内部的业务重构和管理创新。可以说，组织对员工能力的提升有着前所未有的期待，这种期待就要求培训管理者不能局限在往常组织好培训工作本身，而必须转换角色、提升能力，转型成为组织能力提升的学习发展顾问。

（2）业务的需要：数字化发展的时代，组织的业务面临前所未有的挑战，这就要求组织的所有资源必须进行充分的聚焦，聚焦到组织的核心业务需求上。立足学习发展顾问的新定位，从花钱的角色转变为帮助组织挣钱的角色，主动学习业务、深度融入业务，提供智力咨询，协助找到深层次问题，推动项目落地大有可为。

（3）成长的需要：所有职场人都有追求职业进步的需要，培训管理者也不例外。但如果只是重复做好收集需求、协调资源和组织实施的传统工作，不仅个人工作难以做出亮点、赢得关注、体现价值，而且难以获得有效的职业成长机会。我们认为，主动从原来培训组织实施的角色转型到提供咨询诊断建议、提供系统解决方案、给予绩效改进支持等的学习发展顾问是培训管理者新的职业通道。

（4）学员的需要：大量的实践证明，越来越多企业内部的大型学习项目发挥着"加油站"和"催化剂"的作用，改变了众多职场中坚力量的职业生涯。但面向未来，"90后"和"00后"的学员与以往的学员在学习模式和行为风格上有着众多的差异（见表1-2），他们接触信息、感知信息的渠道已经发生了天翻地覆的变化，传统的知识传授已经不能引起他们的兴趣，这就要求培训管理者必须主动走近学员、了解学员，主动了解他们的工作内容和遇到的问题，用"懂他们"的方式设计"他们喜欢"和"对他们好"的学习项目，帮助他们提升能力，进而推动组织转型。

表1-2 以往学员和"90后"和"00后"学员的差异

维度	以往的学员	"90后"/"00后"的学员
接触信息的方式	书本、老师和传统互联网	移动互联网
面对学习的态度	福利和自我提升机会	工作内容
学习前的思考	是否有利于我的工作达成	是不是真的
学习时的关注点	实用、高效、懂行业	好玩、有趣、懂我
学习后的关注	靠自我领悟和应用	需要持续地关注和跟进
对学习内容的要求	理论和实践并重	更强调快速落地实操

那么，在以上四种角色转型的驱动下，相较于传统的培训管理，学习发展顾问需要扮演什么样的新角色呢？

（1）学习方案的提供者：学习发展顾问需要认真研读组织战略和人才转型要求，遵循"以学员为中心"和"以绩效提升为目的"，针对关键人才队伍在绩效提升中遇到的关键任务和工作场景，认真分析、反复协商，最终设计出针对具体绩效问题的项目改进方案。

（2）组织能力的促进者：提升组织能力是企业人力资源部的核心职责之一，学习发展顾问具有不可推卸的责任。学习发展顾问要立足公司战略需要和业务转型的契机，通过相对应的学习项目满足组织能力建设需要，做组织能力的促进者。

（3）内部咨询的参与者：外部环境日益复杂多变，企业的发展环境也处在持续变化中，组织需要提升自身快速应对这些变化的能力。这就要求学习发展顾问从以往固定的、标准化的思维方式转变为不固定的、非标准化的思维方式，以积极的心态主动走近业务、深入了解业务，扮演"内部咨询的参与者"角色，全力服务业务发展。

（4）组织智慧的激发者：组织的智慧来自每一位员工，员工是否愿意积极贡献个人才能和智慧取决于其内在的动机是否被有效地激发。学习发展顾问需要不断拓宽自己的能力边界，将培训学习活动作为激发每一位员工智慧的关键抓手，帮助组织不断增强应对外部不确定性的能力。

学习项目设计七步模型

基于多年学习项目设计和实践的经验，我们提出"学习项目设计七步模型"（见图1-7）。该模型可以帮助学习发展顾问从需求调研、内容设计、体验设计、宣传设计、实施设计、复盘设计和方案设计七个维度进行学习项目设计，以需求调研为基础，突出项目内容和活动形式的创新统一，打造寓教于学、寓乐于学、寓践于学的实用型学习项目。

在需求调研环节，学习发展顾问可以基于组织当前的业务痛点，选择高管访谈、团队共创、员工调研、焦点访谈等不同形式深入了解业务痛点的现状，并根据调研结果对梳理出来的业务问题进行排序，遴选出学习项目能够改进的短板问题。

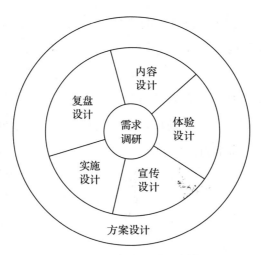

图 1-7　学习项目设计七步模型

在内容设计环节，学习发展顾问可以通过制定学习目标、策划学习主题、匹配学习内容、选择学习形式、设计学习转化、遴选学习师资等方面的工作，完整细致地完成对应学习项目的全维度内容设计。内容设计是学习项目设计的重中之重，直接决定学习项目的效果和质量，也是本书的重中之重。

在体验设计环节，学习发展顾问可以通过分析学员对象和学习内容，结合企业实际，参考借鉴三类主要的学习体验设计方法，为学习项目匹配合理的学习活动，增强学习过程的趣味性，让学员在学习项目中学到知识、感受氛围、链接到伙伴，获得真正的成长。

在宣传设计环节，学习发展顾问可以通过宣传海报、长短视频、公众号文章、外部专业投稿等途径增加学习项目的影响力，让更多的项目干系人认识项目的价值和意义，以促发后期更多学习项目的产生。

在实施设计环节，学习发展顾问可以通过组建项目交付团队、设计项目实施标准、设计项目过程管控三个方面的工作做好学习项目的全过程闭环管理，确保学员在学习过程中感知良好、心情舒畅、收获满满。

在复盘设计环节，学习发展顾问可以真正理解复盘是项目全周期运营的必备动作，根据项目规模和自身特点，选择三种以上不同的复盘方法，持续迭代项目内容，沉淀优秀做法，实现优秀项目产品化。

在方案设计环节，学习发展顾问可以通过方案设计七要素、方案呈现形式和方案演讲技巧三方面的内容，在完成一份高质量的学习项目方案的基础上，以客户为中心进行方案呈现和演讲，以争取更多人的了解和支持，扩大项目影响力。

Learning project design
complete practice

第 2 章

立足公司战略，聚焦业务痛点

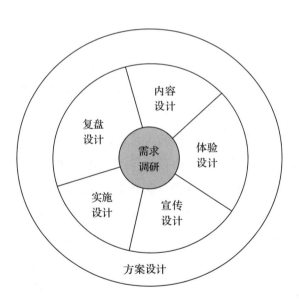

作为企业的学习发展顾问，我们一般可以通过两种方式找到自己发挥价值的机会。

（1）主动的方式：一方面，我们可以通过对日常工作的观察和对内部相关资料的研读去主动发现当前组织发展中的"鸿沟"，比如某个团队研发人员的流失率持续增高，第二季度销售额大幅降低，客户投诉率显著增加等。另一方面，当国家或地方政府颁布某些政策或制度后，组织现有业务需要做出紧急调整时，新的"鸿沟"就出现了，例如国家双减政策、双碳政策、高质量发展要求等。

（2）被动的方式：当某个业务负责人或同事主动向你询问能否通过培训帮他们解决某个业务难题时，或者公司管理层已经敏锐地发现某个员工群体的某项关键能力短板亟须弥补时，我们也要意识到"鸿沟"的到来。

无论是被动还是主动，当以上类似情景出现时，学习发展顾问都需要敏锐地意识到发挥岗位核心价值的"关键时刻"（MOT）已经出现，我们需要勇敢地抓住这些机会，主动走近业务部门，和它们一起去面对难题，为组织发展贡献自己的独特价值。

设计实施学习项目的核心目的是帮助组织化解绩效目标达成过程中的业务痛点、难点和堵点，进而帮助组织达成绩效目标。但设计任何学习项目都有一个关键性前提条件，那就是学习发展顾问对于组织业务问题的现状和可能的原因相对清楚，这样才有可能做到后期的对症下药。因此深入了解业务现状、发现和筛选业务痛点、确定学习项目的真正差距是所有学习项目设计的开始，而需求调研是了解业务现状和痛点的重要方式之一。

高管访谈，紧跟战略目标

什么是高管访谈

高管访谈指的是通过一对一的面谈形式，深入了解高管对于组织当前业务或管理方面存在的问题和可能原因的认识，进而确定学习项目目标和整体思路的一种需求调研的方法。

高管站在公司全局，对于国家政策、行业趋势、企业战略都有充分的认识和理解，特别对于组织业务痛点的认识更加全面、客观和深刻，因此高管访谈是寻找组织业务痛点的重要方式之一。

有些学习发展顾问顾虑高管的身份和时间等，不大愿意去主动申请访谈高管，怕被拒绝，也怕耽误高管的时间。其实高管对组织具有极强的使命感和责任感，他们对组织的了解和思考肯定超过所有员工，他们也乐于接受这样的访谈工作，因此，我们要尽可能在重要的学习项目中申请获得访谈高管的机会。大量实践证明，高管访谈能够帮助我们尽快确定项目的整体思路和框架，提升项目的推进效率，也可以带给学习发展顾问看待组织问题的新视角，提升理解组织问题的新高度。

事实上，往往学习发展顾问认为非常重要的项目，站在高管的角度却并不一定。例如，曾经有学习发展顾问向我们提出提升营销人员产品体系建设能力的培训需求，核心诉求是帮助营销人员搭建营销产品体系。但经过访谈高管，我们发现目前该公司营销队伍尚处于刚刚搭建的阶段，缺乏基础营销意识，更缺乏营销工具和营销打法的实践和沉淀。大部分营销人员对于企业现有产品还没有完全搞清楚，距离真正去搭建营销产品体系差距甚远。俗话说，基础不牢，地动山摇，在和公司高管反复沟通后，我们将学习项目的设计思路最终确定为：立足三年时间，从基础营销知识赋能入手，按照"打基础—促成长—成体系"的阶段性目标进行营销人员系统化培养。从这个例子中，我们会发现最终的项目思路与最初的需求相差甚远，如果我们直接按照最初的需求去设计学习项目方案，大概率会被管理层直接否掉。

如何进行高管访谈

为了确保学习项目的设计质量，学习发展顾问要尽可能争取到高管的访谈支持，但并非需要访谈所有高管。公司高管的时间是公司的核心财富，学习发展顾问可以参考项目规模、项目周期、项目所涉及的业务、人员岗位和项目影响力等因素，主要访谈公司一把手和与学习项目直接相关的分管领导即可。

高管访谈主要有五个关键步骤，即设计访谈提纲、做好访谈准备、按时进行访谈、整理访谈记录和做好访谈反馈。

1. 设计访谈提纲

受制于访谈时间和访谈质量的要求，学习发展顾问必须为高管访谈设计一份高质量的访谈提纲。访谈提纲的内容可根据学习项目的具体需要提前拟定，然后提交被访谈高管审核确定。

（1）访谈提纲设计的三个关注点。

1）关注岗位差异。高管的岗位职责和分管领域有所不同，因此设计访谈提纲时也需要考虑一定的差异化。例如，如果想要通过高管访谈获得他们对于当前中层干部队伍能力短板的意见和建议，那针对分管业务的高管和分管职能工作的高管，甚至针对财务总监的访谈提纲都要进行差异化设计，确保访谈问题和他们的日常工作相符，否则很难得到他们的真实反馈。

2）关注核心诉求。访谈提纲要聚焦学习项目的核心诉求，关注诉求背后的关键问题，避免出现询问类似公司发展历程、业务类别、人员构成、组织架构等通过前期充分准备就可以获得答案的基础问题。

3）关注数量时长。访谈提纲务必控制题目类别和题目数量，一般以开放式题目为主，且数量不宜超过 15 道。单次访谈时间建议最好在 45 分钟左右，过短显得仓促低效，过长可能会略显累赘，不够聚焦。

（2）访谈提纲的问题设计。

问题设计是访谈提纲的重中之重，直接决定了访谈内容的针对性和后期的数据质量，也是学习发展顾问进行高管访谈的一个难点，我们将在本节第三部分单独阐述。

2. 做好访谈准备

高管访谈的成功与否很大程度上取决于访谈前的准备是否充分全面。我们将访谈准备分为三个方面。

（1）相关资料准备：高管访谈资料准备包含但不限于对被访谈高管的职业经历、性格特点、职业专长、兴趣爱好等的了解，对于组织发展历程、核心业务、关键产品、组织结构、人员队伍等资料的系统学习等。事实证明，相关资料准备得越充分，学习发展顾问的访谈状态越轻松，也更容易快速获得被访谈高管的信任和合作。

（2）过程预演准备：学习发展顾问要认真预演整个访谈过程，梳理优化访谈提纲和逻辑，思考可能的访谈堵点或者突发状况（如被打搅、出现紧急事件等），制定必要的访谈应对预案等；特别要认真分析被访谈高管可能会顾忌的问题，对于特别重要的关键性问题，一定要注意改变问题的切入点或者提问方式等。

（3）物理条件准备：主要是指高管访谈需要准备的访谈环境、访谈时间、访谈设备等。学习发展顾问至少要提前一周和被访谈高管预约时间，尽可能选择安静放松、不被打扰的访谈环境，准备好访谈记录本、访谈提纲、录音设备和茶水等，并在访谈前三天和前一天分别通过内部渠道再次提醒被访谈高管，以便他们合理安排访谈当天的工作。

3. 按时进行访谈

访谈是一门科学，也是一门艺术，高管访谈如是。在做好所有的准备工作之后,学习发展顾问还要做的就是平复心情,等待访谈时刻的到来。

(1)提前到达,做好准备。高管的时间都是非常宝贵的,因此守时是学习发展顾问访谈高管的第一要求。我们建议学习发展顾问至少提前30分钟到达访谈场地,做好相关访谈准备,如房间通风、架设设备、再次熟悉访谈提纲、预想访谈预案和准备茶水等。

(2)建立信任,由易到难。所有的访谈都是从建立初步信任开始的,学习发展顾问需要通过一些简单的寒暄问候帮助被访谈高管慢慢进入状态,切忌一开口就直奔主题进行提问。当然,这也要参考现场情况因人而异,如果被访谈高管的时间非常紧,没有太多时间可以用来寒暄,那就比较适合开门见山的方式。在具体访谈进程中,所有访谈问题都要按照从易到难、由浅入深的顺序进行提问,让被访谈高管慢慢地敞开心扉,逐渐吐露心声。

(3)善察多思,减少总结。高管访谈是一项非常专业的工作,在访谈时要掌握好发问的技巧,善于洞察被访谈高管的行为表情和心理变化,以便根据具体情况做到随机应变。有些学习发展顾问很喜欢总结被访谈者的话,这一点我们不是很建议,特别当访谈对象是高管时,学习发展顾问自身的专业优势和行业积累并不占据优势,这种情况下贸然总结被访谈高管的结论,有很大的专业风险。因此我们建议学习发展顾问只要扮演好引导者和记录者的角色即可,被访谈高管的结论应该经过正确的引导由他自己总结出来。当然,在具体访谈中,学习发展顾问提问用词的选择、访谈问题的范围、提问反馈的节奏等都要提前根据被访谈高管的知识水平和认知习惯进行个性化的设计。例如,有些被访谈高管很喜欢自己掌控访谈节奏,学习发展顾问只需提出问题,对方就可以滔滔不绝地讲半天,但有些高管本就不善言谈,需要学习发展顾问按照访谈节奏进行引导提问。

(4)积极思考,高效追问。在真实的访谈过程中,基于各方面因素的考虑，大部分的被访谈高管都会有所保留，不会轻易把所有的真实想法都和盘托出，这个现象非常正常。这就需要学习发展顾问在访谈前做好充分的心理准备，当一些比较合适的访谈"漏洞"出现时，要敢于追问，甚至需要进行二次、三次等多次追问，以获得更多的深层次信息。

例如，当谈到对公司现有客户经理团队的评价时，如果高管的回答是"目前团队的业务能力还不足"，这一回答比较笼统，对后期的学习项目设计缺乏具体指导意义。据此，学习发展顾问就可继续追问"您说的业务能力具体是指哪些方面""您认为客户经理当前业务能力不足的行为表现有哪些"，等等。

再如：

被访谈高管：我们这几年的经营发展确实取得了一些成绩，但距离我之前的设想还远远不够……

学习发展顾问：真为我们这几年取得的成绩高兴，那您能跟我分享一下您之前的设想是什么样吗？

被访谈高管：……销售队伍总体情况应该说还是不错的，除了犯过一些小错误……

学习发展顾问：我非常认同您对咱们销售队伍的整体评价，我不知道您刚才所说的他们犯过一些小错误是指？

被访谈高管：……之前我们也花了不少钱给他们搞学习培训，但好像并没有太大的改观……

学习发展顾问：我也听说之前咱们给营销人员做过一些培训，您能跟我简单地分享咱们之前做过的一些培训吗？例如都培训过什么课程？当时是基于什么考虑举办的培训？

…………

4. 整理访谈记录

访谈记录是访谈内容和访谈过程的完整版文字呈现，是最终输出访谈结果、制订学习项目方案的基础。整理访谈记录是输出访谈结果的前置性工作，对于学习发展顾问的专业能力有着较大的挑战。在整理访谈记录的过程中需要注意：

（1）访谈当天完成记录整理。在访谈记忆还比较清晰的状态下，我们建议学习发展顾问尽可能当天完成记录整理工作。在整理记录前，学习发展顾问可以先将访谈中获得的所有素材（录音笔、访谈笔记、访谈提纲等）全部放在手边，然后比对访谈提纲将整个访谈过程在脑海中过一遍，再开始进行整理。

（2）访谈记录保证客观公正。访谈记录是后期诊断组织当前业务痛点、设计项目方案的基础，要求数据必须客观公正、详细齐备，语言记录尽可能贴近被访谈高管的语言风格，或最好以原话记录。同时，在没有完成所有访谈调研的情况下，记录就是记录，记录也只是记录，不要武断地从现有的访谈记录中得出任何结论。

（3）致信感谢访谈支持。虽然被访谈高管配合学习项目调研是情理之中的事，但无论如何，学习发展顾问都要诚恳地感谢他们对于学习项目的支持和帮助，最好能够用邮件的方式感谢他们的付出。对于他们来说，这既代表组织对他们付出的认可，也可以激励他们在未来更好地参与和配合其他学习项目。

5. 做好访谈反馈

高管访谈绝不是一蹴而就的事情。很多时候，高管在访谈中谈到的意见和建议也并不是学习发展顾问可以直接使用的材料。为确保访谈报告能够真实客观地反映被访谈者的真实想法，学习发展顾问和被访谈高管之间需要建立持续的沟通和反馈机制。在访谈记录整理完成后，我们建议学习发展顾问第一时间以电子邮件的形式发给被访谈高管，请他们帮忙斧正里面的具体说法或者相关内容，这样既可能触发被访谈高管产生新的思考，也可以对访谈记录中某些重要的观点进行补充，提升访谈结果的有效性，还可以加强被访谈高管和学习发展顾问之间的信任关系。

在高管访谈结束后，如果发现访谈记录中存在一些互相矛盾的观点或事实，学习发展顾问可以主动找对应部门做进一步的澄清。例如，在高管访谈结束后，我们发现对于当前组织的人才引进战略，有些高管主张以内部体系化培养为主，外部引进为辅，但有些高管则认为内部培养成本高、速度慢，还是应该以外部成熟人才引进为主，内部培养为辅。对于这样的问题，学习发展顾问就需要及时与人力资源部门进行确认，如有必要，甚至可以将相关的问题作为访谈的补充内容，请公司的一把手给予明确。

高管访谈提纲的问题类别

访谈提纲是高管访谈的必备资料。从形式上看，访谈提纲是访谈问题的集合；从内容上看，访谈提纲则是学习项目设计的依据和来源。那么对高管人员进行学习项目需求访谈时，我们应该主要调研哪些方面的信息呢？建议主要询问以下四个方面的问题。

（1）与公司战略相关的问题，主要涉及组织内外部经营环境、长期规划、顶层设计、竞争策略等宏观层面，例如：

- 未来3～5年，组织发展的战略方向会是什么？
- 组织做出如上的战略选择，背后的主要考虑是什么？
- 目前，组织面对的外部市场竞争环境、发展趋势是什么？
- 面对未来的竞争和发展趋势，组织后期在能力建设上的重点会放在哪些方面？

（2）与业务发展相关的问题，主要包括业务现状、业务规划、发展趋势、核心团队建设等，例如：

- 针对本次项目涉及的业务板块，其发展现状是否符合公司的期望？
- 该业务目前存在的关键瓶颈、主要短板和障碍有哪些？之前组织已采取了何种应对策略？
- 为了承接公司总体战略，该业务部门未来的定位和发展规划是什么？
- 您如何评价当前业务团队，未来他们还有哪些方面的能力需要提升？
- 在组织层面上，您可以给予他们哪些方面的支持？

（3）与项目期望相关的问题，在访谈过程中，学习发展顾问可简要向高管汇报项目的整体框架、实施过程及预期成果，以询问高管对项目的期望：

- 您期望本次项目能输出哪些成果？
- 从长远来看，您希望该项目能够帮助业务部门实现哪些目标？
- 在本次项目中，您最为看重的是什么？
- 您认为，本项目在未来可能会碰到的最大难点是什么？

（4）与项目内容相关的问题，主要包括学习项目的学习内容、学习形式、学习评价和学习激励等：

- 您认为在之前的培训中，我们最需要改进的地方是什么？
- 您更希望本项目能够重点提升学员的哪些能力？
- 您希望学习项目安排在工作日还是周末？
- 如果对于培训地点和培训形式需要您给一些建议，您觉得怎么样比较好？
- 您希望通过什么样的形式去检验培训学习的结果？

| 实例 |

某卷烟厂生态党建项目调研访谈提纲

1. 您认为党建统领作用在咱们烟厂的日常经营管理中都有哪些体现？

2. 您认为咱们烟厂在党建与业务融合的具体实践方面有哪些好的做法？目前还存在哪些不足？

3. 您认为咱们烟厂生态党建体系的核心应该是什么，这个生态体系应该有什么特点？

4. 咱们烟厂敏行文化的核心是什么？您如何理解咱们的敏行文化？

5. 咱们烟厂的敏行文化在企业定位和经营战略中有哪些具体体现？

6. 您认为在咱们烟厂的高质量发展中，敏行文化和生态党建体系之间应该是什么样的关系？

7. 您认为在咱们烟厂的高质量发展中，生态党建体系应该扮演什么样的角色，发挥什么样的作用？

8. 您认为在未来的生态党建体系中，应该如何更好地体现我们的敏行文化？

9. 在您心目中，一个优秀的生态党建体系应该包含哪些内容？具有怎样的层次结构？

10. 在未来的生态党建体系中，您认为党委班子应该如何定位自身角色，发挥怎样的作用？

高管访谈中需要注意的事项

在高管访谈的过程中要注意以下事项。

（1）尽量以局内人的角色与他们对话。访谈提纲一定要提前和被访谈高管沟通确认，如果要在访谈中向高管提很多基础层面的问题，比如"企业的业务范围是什么""企业的竞争对手有哪些"等，需要非常谨慎，因为这不仅会降低访谈的效率，还有可能引起被访谈高管的不满和反感。

（2）根据高管的性格特征和谈话特点，灵活调整问题顺序和自己的提问方式。例如对于较为强势的被访谈高管，学习发展顾问要学会示弱，尽可能将表达的时间交给对方，做好倾听和追问；对于不善言谈的被访谈高管，则要善于通过各种方法引导他们表达自己的观点。

（3）不要掌控访谈，要善于倾听和提问。需求访谈的核心是倾听和提问，特别是高管访谈。学习发展顾问在倾听方面要做到"积极专注地听"和"有感情地听"，要善于将被访谈高管所说的信息迅速纳入自己的认知结构中，并加以理解和同化，必要时及时进行追问，共同建构新的认识和意义。

（4）关注自己的行为举止。每个人都希望自己被关注和尊重，被访谈高管是配合学习发展顾问的调研工作的，让他们感受到被认可和被尊重很重要，这就需要我们做到以诚相待、热情、谦虚、规范和专业。

团队共创，发现业务痛点

高管可以从宏观层面思考组织的发展战略、业务布局、当前困境等问题，他们往往可以对学习项目的总体方向、长远收益等提出期望，而业务部门管理者往往更关注学习项目的实施周期、推进计划、直接产出以及成果落地应用等。在业务部门层面，学习发展顾问可以通过组织由业务部门相关人员参加的团队共创会的方式来发现业务痛点，进而确定学习项目的真实需求。

什么是团队共创

团队共创起源于1960～1970年，核心理念来自认知心理学，是一种集中所有参与者的智慧思考问题并获得行动举措的方法。团队共创强调"利用自己的力量认识和改变自己"，适用于整个团队针对某个具体问题的集中思考并达成共识。

一般来说，团队共创会带着大家围坐成一圈，根据具体的指引和要求，围绕具体的问题进行思考和碰撞，以获得对于具体问题的各种可能性答案。它具有激发团队的思考和能量、建立信任共享的责任感、发展整合性思考方式、达成共识以促进行动的价值，总的来说，这种价值主要表现在三个方面。

（1）发挥集体的智慧。团队共创让所有参与者从不同视角去看待同一个问题，整合不同视角的认知内容，最后形成统一的认识。

（2）尊重彼此的观点。团队共创中所有参与者身份平等、互相尊重，且具有充分表达个人观点的权利，容易在碰撞中形成新见解和综合性意见。

（3）打开眼界和思路。团队共创让人们看到自己和别人想法的差异，增长见识，尊重争论和辩护。

由以上三个方面的特点，我们可以看到团队共创作为一种集聚智慧、形成共识的工具，是有其自身的影响圈层的。从内向外具体分为凝聚共识、知识沉淀、团队学习和变革创新四个层次（见图2-1）。现实中，团队共创的应用范围非常广泛，它适用于任何管理方式、任何团队、任何技术发展阶段、任何时间和地方等。近年来，团队共创因其操作简单、适用范围广、影响深刻等特点而被越来越多的组织所使用，特别是在学习项目设计中，很多组织使用团队共创的方法进行学习需求的前期调研，获得了很多出乎意料的成果。

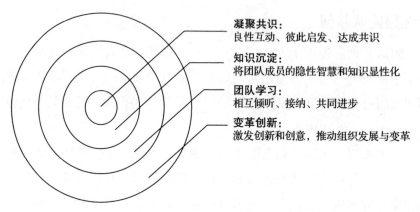

图 2-1　团队共创的价值内核

如何进行团队共创

作为一种引导集体思考、达成共识的工具，团队共创一般有四个关键步骤。

（1）主题介绍。学习发展顾问或者团队管理者（引导师）介绍本次团队共创的焦点问题、阐述研讨焦点问题的原因和重要性等，并带领所有成员对问题进行澄清和明确。

（2）头脑风暴。学习发展顾问或者团队管理者（引导师）带领大家进行问题思考和讨论，激发群体智慧。这里按照学员对象当前的工作职责、工作现状、目前存在的主要差距、差距的主要原因等的逻辑顺序进行集体思考。一般来说，思考的过程是个人先进行独立思考，然后使用便笺纸记录思考结果。每人思考的答案限定在4～6个。

（3）归类组合。学习发展顾问或者团队管理者（引导师）将大家在头脑风暴的每个环节得出的结论进行分类整理，并提炼概括，让共性的智慧交融，让个性的智慧闪光。

（4）形成计划。学习发展顾问或者团队管理者（引导师）带领大家思考后期的行动计划或者意见建议等，对于学习项目来说，这主要是指形成对于学习项目的期待和意见建议（如学习形式、学习内容、学习时长、学习地点等）。

团队共创的问题清单

团队共创的本质就是学习发展顾问通过发起业务问题共创会来完成学习项目的需求调研，但在进行内部共创时，需要有明确的问题清单来聚焦和引导思考过程，常用的问题类别如下。

与业务相关的问题：

- ▶ 目前，我们部门的主要职能和业务范围是什么？
- ▶ 基于公司的发展战略，部门业务发展有哪些重点策略？
- ▶ 为实现这些目标，部门目前面临的主要问题和挑战有哪些？
- ▶ 公司对部门业务有哪些具体的期望和要求？

与目标岗位及员工相关的问题：

- ▶ 对于××岗位来说，您认为一个优秀的员工应具备什么素质？区分优秀和一般的关键素质是什么？
- ▶ 现阶段××岗位员工普遍做得较好的有哪些方面？哪些方面做得尚有欠缺？
- ▶ 基于未来业务的发展与变化，您认为对××岗位员工有哪些新的职责或能力上的要求？哪些能力是目前亟待发展的？

与本次项目相关的问题：

- ▶ 我们部门当前的员工培训是如何规划和实施的？
- ▶ 对于××岗位的员工培养工作，您有哪些建议？
- ▶ 您对本次项目有哪些期望？
- ▶ 您对本次项目有哪些建议？

业务部门管理者拥有对项目成果的直接受益权和审核权，因此共创时，学习发展顾问要建立"以终为始"的思维，与他们就项目的范围边界、成果输出、建议期待及检验标准等进行反复确认，避免出现最终产出与前期期望不符的情况。

团队共创的准备工作及注意事项

1. 准备工作

（1）成员的准备。学习发展顾问可以邀请与拟研讨问题具有直接关系的人参加共创，包括部门负责人、一线工作人员、可能需要配合的人员等。如果能够请到该业务部门的分管副总等会更好，他们可以帮助大家站在更高的角度去思考对应问题。团队共创最重要的准备工作就是团队成员的准备，要通过陈述利弊、分析现状，说明当前形势的严峻性，鼓励大家积极融入共创研讨中。

（2）物料及空间的准备。团队共创的物料包括但不限于A4白纸、便利贴、彩色笔等，特别是彩色笔，用于在讨论中记录迸发的灵感、关键的结论、重点关注的行动等。学习发展顾问还要准备独立安静的会议室，并尽可能将共创时间安排在大家相对空闲的时间段。

（3）相关素材准备。这里的相关素材包括但不限于拟研讨问题的背景、目前的问题现状、外部标杆针对该问题的成功做法、公司曾经对于该问题的解决思路、其他人的看法等。

2. 注意事项

（1）问题背景要阐述清楚。团队共创是挖掘个体的智慧，形成组织集体解决方案的过程，这个过程中个体是否愿意充分参与其中很大程度上决定了共创的最终质量。因此，在共创开始前，我们需要和所有参与者充分强调此次共创的背景和目标，强调我们对于研讨过程和研讨结果的保密性原则，鼓励大家放弃顾虑，充分表达个人观点。

（2）共创过程需要管控。团队共创是针对具体问题的集中研讨，如果不进行实时的对标对表很容易变成集体的"吐槽大会",这就要求学习发展顾问必须以引导咨询师的角色对出现的过程性偏差进行及时纠偏,确保共创始终聚焦在核心业务问题上,确保共创能够得到最终想要的效果。

(3)共创结果及时整理。团队共创的结果和高管访谈一样也需要进行及时总结和整理,并第一时间反馈给所有参会者进行补充和优化,最终成为学习项目设计的重要基础性素材。

团队共创话术如表2-1所示。

表2-1 团队共创话术(示例)

环节	目的	话术
开场白	感谢大家参与	欢迎大家参加本次学习项目共创会。希望大家在团队共创过程中积极参与,帮助我们后面从更多的角度思考后期的学习项目……
主题介绍环节	说明共创的原因、和参与者的关系、本次研讨的紧迫性等	这次我们的研讨主题是……(问题) 关于这次的研讨,我们现在的情况是…… 如果我们不实施这个学习项目的话,我们后期可能……
	确认大家都理解研讨主题,澄清到位	关于我们今天要研讨的这个主题,大家是否还有不太清楚的地方?有任何问题都可以马上提出来,我们即时解答
	会议流程、纪律、角色分工的讲解等	为了让我们的研讨高效进行,我们应遵循的原则是…… 我的角色是…… 你们的角色是……(确定规则和分工)
头脑风暴	带领参与者集体思考研讨主题的各个角度	下面我们进入本次研讨的头脑风暴环节,我们将就四个问题分别请大家思考…… 每个问题请大家认真独立思考,并写出4～6条想法……
归类组合	对思考结果进行整理和澄清	下面我们要把大家对每个问题的答案进行分类整理…… 我可以请教这个想法的来源是什么吗?(针对具体某个想法)…… 我们需要把每个类别的想法整理为不多于7个答案……

环节	目的	话术
形成计划	整理研讨结果并形成最后的行动建议或计划	前面我们对研讨主题的目标、现状、存在的问题和主要原因进行了研讨，下面我们还想请大家针对我们最后找出来的问题提供一些行动建议……我们可以根据前面的研讨结果制订后期的行动计划……

(续)

员工调研，了解一线需求

基层员工可能是最了解企业业务现状的群体，他们往往对于当前具体业务问题有着自己的独到思考。因此很多管理大师都说，组织的很多问题都可以在基层员工中找到答案。学习发展顾问可以通过问卷调查等方式对基层员工进行调研，以获得更为准确有效的信息，为后期的学习项目设计提供更多具有可操作性的意见和建议。

什么是问卷调查法

问卷调查法也称"问卷法"、书面调查法或填表法，是用书面形式间接收集研究材料的一种调查手段。问卷调查通过向被调查者发出简明扼要的调查表，邀请他们填写对有关问题的意见和建议来间接获得相关的材料和信息。随着移动端通信技术的不断发展，问卷调查因其高性价比和便捷性，正在成为越来越多企业进行员工意见和需求调研的首选形式。

问卷调查的主要用途如下：

- ▶ 了解员工对于组织现存某些问题的感受、态度和思考。
- ▶ 调查员工对于组织现存某些问题的意见和建议。
- ▶ 收集组织对于某些问题进行分析和决策所需要的信息和数据。

问卷调查的优点如下：

- ▶ 问卷样本覆盖面的选择空间大、灵活，范围可大可小。

- 问卷调查过程相对简单、省时、省力且性价比高。
- 问卷结果获取便捷，如果使用线上问卷调查系统的话，可以直接从系统中导出数据分析结果，快速形成分析报告等。

问卷调查的缺点如下：

- 问卷调查拘泥于具体的问题，不灵活，缺乏弹性。
- 问卷设计以选择和判断题为主，信息收集较为方便，但数据结果的质量和范围有限。
- 问卷调查无法管控填写问卷者的填写状态，导致结果的真实性存疑。
- 问卷内容趋于表面化，不能获得有效的深度信息。

如何开展问卷调查

问卷调查是一项看似简单，实则专业性要求很高的工作，有着完整的七个步骤，且每一步都直接影响着下一步的工作进度和工作质量。

1. 明确调查目的

调查目的是问卷调查的出发点，直接决定了我们想通过问卷调查获得哪些方面的信息。清晰明确的调查目的能有效地指导后期问题的设计和问卷的编制。例如，学习发展顾问只知道要对新员工入职体验进行调查，和他清楚地知道要通过调查问卷去优化现有的入职流程、规划导师匹配、传达组织对于新员工的关怀等，这两个不同的目的必然带来问卷设计和调查结果的千差万别。

2. 明确调查对象

调查对象是真正填写问卷的群体，是问卷调查的主体。调查对象范围越小，主体越明确，调查的针对性越强，调查结果的信效度也越高。在明确调查对象的环节，我们经常会问道：问卷调查的主体是谁？我们是否应该向这个群体的所有人都发放问卷？目前拟定的调查群体是否具有代表性？对于他们的调查结果是否可能支撑我们的调查目的？

3. 设计调查问题

调查目的和调查对象确定后，我们就需要基于两者去分析，要设计什么样的问题来支撑我们的调查目的，我们应该从哪些维度去设计调查问题。例如，如果我们希望通过新入职员工调查问卷去获得他们当前岗位适应和导师辅导情况的话，那么可以从新入职员工现在是否定岗、定岗是否满足心理期望、现有导师的配备时间、导师辅导的频率和方法等维度去设计具体的问题。

4. 制作调查问卷

按照内外部调查问卷的标准格式，制作调查问卷初稿，并按照内部交叉互审的要求，做好问卷内容的完善校正，最终确定调查问卷的终稿。

5. 调查问卷试测

调查问卷校正完成后，需要安排特定人员在小范围内进行试测，以便根据试测者对于调查问题的范围、内容难度、题目数量的反馈，以及试测者的心理反应等及时对问卷进行调整和优化。

6. 问卷发放及回收

在问卷内容完全定稿后，学习发展顾问就可以按照项目进度发放并回收问卷。常用的问卷发放回收渠道主要有三种，分别是：

- ▶ 通过培训、会议、发邮件等方式集中分发和回收。
- ▶ 找到被调查者，现场发放，现场填写，现场回收。
- ▶ 使用在线调查系统进行，如问卷星等可快速进行点对点分发，并形成统计分析结果。

问卷定稿后，真正影响问卷调查结果的因素就是问卷回收率。一般来说，我们会选择目标群体的 30%～50% 进行抽样调查，若调查对象组织规模较小，可考虑全员参与。另外，还需考虑的因素是问卷填写的规范性。如果是书面问卷，要对回收到的问卷进行细致整理，挑选有效问卷，淘汰回答不规范、不完整的无效问卷；如果是线上问卷，则要在制作问卷时进行提前设置，并通过系统筛选功能确认填写规范后方可提交。

7. 调查结果输出

问卷调查的结果最终要以调查报告的形式输出，调查报告主要包括三个部分。

（1）调研情况部分：一方面介绍问卷调查的对象、问卷调查时间、调查方式和回收数据等；另一方面介绍问卷调查所得到的基本信息，以具体事实和统计数据为主，文字强调简明、准确，也可兼用数字、表格和图示说明等进行结论的佐证。

（2）数据分析部分：重点分析所调查关键问题产生的背景、现状和原因等，要求分析过程条分缕析、逻辑严谨、有理有据。

（3）意见建议部分：在数据分析结果的基础上，根据实际情况，提出后期学习项目设计的建议主题和思路等。

如何设计高质量的调查问卷

1. 问卷的构成

基于调查目的和后期数据分析的需要，调查问卷的主体结构分为前言和主体两部分。

（1）问卷前言部分。

前言部分主要是告知被调查者本次调查的目的、意义和方式等，整体要求言简意赅、要点突出，一般不超过 240 个字。前言尽可能为被调查者营造一种舒服愉快的参与状态，语气以谦逊、诚恳、委婉、感谢为主，避免指示、命令和要求的口吻。

前言部分的主要内容包括：调查的背景、调查主题、调查目的和意义、调查实施单位或个人的身份、问卷时长和提交方式、对被调查者的期望、调查信息的保密原则和致谢。

> | 实例 |
>
> **某问卷的前言部分**
>
> 　　各位同事，大家好！为全面接应集团公司战略转型要求，推动相关战略知识在陕西公司的大学习大宣传，省公司人力资源部特组织本次线上学习需求调研。非常欢迎您参加此次调查工作，本调查以单项和多项选择题为主，预计需要您五分钟左右的时间。本次调查采用全程不记名方式，承诺对您的所有信息仅作为培训需求分析使用，并做到严格保密，希望您如实填写自己的想法和建议。谢谢！

（2）问卷主体部分。

问卷主体部分包括被调查者的基本信息和调查的核心内容两个部分。前者主要为后期进行差异化数据分析做准备，后者则是根据调查目的设计的具体调查问题。

一般情况下，被调查者的基本信息部分包括了被调查者的年龄、学历、工作经验、岗位职责和主要内容、过往的受训经历等内容，而核心内容部分主要包括目标岗位的能力要求、目标岗位人员能力现状自评和被调查者对于学习项目的期望三个部分。具体如下：目标岗位的能力要求包括该岗位需要的知识（含通用知识和专业知识）、技能（含通用技能和专业技能）和基础素质三个部分；目标岗位人员能力现状自评包括目标岗位的胜任力自评、主要的能力差距、主要能力差距的原因等；被调查者对于学习项目的期望则主要包括对学习项目的成果期待、对学习项目的意见和建议等。

| 实例 |

某个学习项目调查问卷的主体部分

☐ 第一部分：基本信息

  性别（男、女）

  年龄（25岁以下、25～30岁、30～40岁、40岁以上）

  所属分公司或中心（分公司及中心名称罗列）

  工作岗位（前端、后端、管控）

  工作年限（5年以内、5～10年、10～15年、15年以上）

☐ 第二部分：培训内容

  1. 关于AI的学习

    AI的前世今生

    AI的行业应用及发展趋势

    机器学习及其发展趋势

    区块链基础知识及行业应用

    深度学习理论及其应用

  2. 关于大数据的学习

    大数据的基础知识

    大数据的行业应用及未来趋势

    大数据平台的基础架构和应用

    数据分析的常用方法和工具

  3. 关于云业务的学习

    云的历史演进和发展规律

    云业务的技术优势和产品特点

    ××云作为国家云的行业定位和专业优势

4. 关于 IT 的学习

   ICT 基础融合知识

   ICT 与 DICT 的关系及发展趋势

5. 关于 5G 的学习

   5G 的前世今生及技术演进

   物联网发展现状及市场竞争形势

   国家与企业网络安全的相关制度和要求

6. 关于数字化运营的学习

   产业数字化的概念及其发展趋势

   家庭 DICT 业务的发展趋势及空间解读

   数字乡村的国家政策和市场前景

7. 其他期望的学习内容（填空）

☐ 第三部分：培训方式

1. 期望的培训方式（线上培训、线下集中、线上线下相结合）

2. 期望的线上培训时间（工作日固定上班时间段、周末固定时间段、晚间固定时间段）

3. 期望的线下学习方式（集中培训、专家送培、跨区域联办、举办示范班＋区域复制）

4. 期望的单次学习时长（1 小时、2 小时、3 小时、6 小时）

5. 单个学习项目的期望时长（1 天、2 天、3 天、3 天以上）

6. 期望的学习形式（讲授为主、讲授和实操结合、实操为主、实战为主、训战结合）

2. 调查问卷问题的设计

（1）问卷问题的分类。

1）背景性的问题，主要是指被调查者个人的基本情况，包含但不限于姓名、年龄、婚姻状况、工作岗位、工作年限、专业类别、家庭籍贯等。

2）客观性问题，主要是指已经发生和正在发生的各种事实和行为，主要用来明确目标问题的当前状况。

3）主观性问题，主要是指被调查者对于目标问题的思考，包含目标问题的原因分析、后期意见建议等。

（2）问卷问题的设计原则。

1）以终为始原则。以问卷需要调查的目标问题为中心，通过5W2H分解法多角度、多层次地设计问题，确保所有问题都因调查目的而设，也最终服务调查目的。和调查目的不相关的信息尽可能少收集、不收集。

2）系统全面原则。问题可以参考"现状—期待—建议"模型进行设计，即首先设计调查目标问题现状的问题，再设计调查目标问题原因等的问题，最后设计收集意见和建议的问题。三个部分的内容构成一个严密的闭环逻辑，缺一不可。

3）规范灵活原则。问卷问题设计既要坚持问卷设计的基本原则和规范要求，也要根据项目和被调查者的特殊性，保持一定的灵活性。

4）具体性原则，即问题的内容要客观、具体，不要提抽象和笼统的问题。例如，可以提"当前导师对你的辅导，是按照什么频率在进行"，而不是"当前导师对你的辅导怎么样"。

5）单一性原则，即问题的内容要单一，不要把两个或两个以上的问题合并在一起提问。例如，"你对我们当前的导师制有什么建议"，而不是"你对我们当前的导师制有什么意见和建议"。

6）通俗性原则，即表述问题的语言要通俗，不要使用让被调查者感到陌生的语言，特别是不要使用过于专业化的术语。例如，"如果用户从手机端进入该产品页面的话，目前有什么困难"，而不是"如果用户选择移动终端访问，目前的主要障碍点在哪里"。

7）可能性原则，即问卷问题必须符合被调查者回答问题的能力。凡是超越被调查者理解能力、记忆能力、计算能力、回答能力的问题，都不应该提出，例如，"对于新入职员工，你认为区块链技术将在未来如何改变你的工作和生活"，这样的问题专业度过高，新入职员工平时接触也很少，很难获得有效的回答。

8）自愿性原则，即必须考虑被调查者是否自愿真实回答问题。凡是被调查者不可能自愿真实回答的问题，都不应该正面提出。例如，"谈谈你对公司现有管理层的管理方式的评价"。

（3）问题设计方法——5W2H 分解法。

在企业的各种调查问卷中，我们经常会发现类似"你们部门负责人是否对你进行月度绩效考核？""你对部门的绩效考核工作满意吗？""你认为你们部门负责人是个称职的管理者吗"这样的问题。这种封闭式问题限制了被调查者对于相应问题的思考，很大概率上他们最后都会选择"组织希望他们选择"的选项，无法获得调查者想要获得的真实调研结果。因此，在问卷问题的设计环节，我们要尽可能避免使用如上的封闭式问题。

5W2H 也称七何分析法，是我们日常非常熟悉的思维工具，包括When（时间）、Where（地点）、Who（对象）、What（事件）、Why（原因）、How（方式）、How much（程度或代价）七个维度。它主张对于特定观点，我们应该从以上七个维度去思考，以获得对于该问题全面细致的认识。

例如，如果你给下属这样分配任务："小王，把这份报告复印一下。"小王的复印效果十有八九难以达到你的要求，究其原因是复印的要求不够明确。

如果使用 5W2H，你就可以这样说："小王，你马上把这份报告正反面复印 5 份并装订好，下午 2 点开会现场需要发放。"

使用 5W2H 分解法可以把对应的主题分解工作"步骤化、流程化"，可以极大地提升问卷问题的针对性。这样我们的调查问题就不会像飘在天上的云，而是化云为雨，成为和被调查者现状真正相关的问题。可参考以下案例。

| 实例 |

调查目标：了解被调查员工对于部门绩效考核工作的意见或建议。该调查目的如果使用 5W2H 法进行分解，就可以得到以下问题。

When 的维度：你们部门目前的绩效考核周期是怎样的？（以周为单位、以月为单位、以季度为单位、以年为单位）

How 的维度：你们部门目前绩效考核主要使用的测评方式是什么？（领导评价、员工自评、员工自评与领导评价相结合）

How much 的维度：如果让你对目前部门绩效考核工作进行评价，1～10 分，你可以打几分？

What 的维度：你们部门当前的绩效考核以什么内容为主？（工作业绩、上班表现、领导喜好、不清楚）

Why 的维度：你认为咱们部门现有的绩效考核方式公平吗？为什么？

你觉得我们当前绩效考核工作最大的问题是什么？

你觉得我们当前绩效考核工作中最需要改进的地方是哪里？

如果由你来主导设计咱们部门的绩效考核办法，你会怎么做？

…………

从上面的例子我们会发现，问卷调查的问题设计要聚焦且有针对性，必须紧扣调查目标，围绕着调查目标不断进行 5W2H 分解提问，最终形成问题清单。再结合问卷数量和问题难度等进行有效的筛选，确定终稿版问题内容。

焦点访谈，了解基层实际

业务专家是基层员工中的佼佼者，也是基层员工学习成长的标杆和榜样。由于长时间的岗位沉淀和经验积累，他们对于业务问题往往有着自己的认识和思考。通过焦点访谈法深入调研业务专家，学习发展顾问可以更深刻地了解业务实际、认识业务问题，为后期的学习项目设计获取更多更专业的建议。

什么是焦点访谈法

焦点访谈是指学习发展顾问就某个学习项目的具体需求对业务专家进行的一对一或一对多的访谈。这种访谈形式更为灵活轻松，时间安排更加自由。业务专家长期在基层工作，他们对相关岗位的具体工作职责、重点工作任务、当前碰到的困难点和挑战、所需具备的能力素质、组织氛围和团队文化等有最直接的体验。

那焦点访谈需要关注哪些问题呢？基于访谈目的，学习发展顾问在和业务专家的焦点访谈中要重点关注"做什么""缺什么""怎么学""怎么好"四个问题。

与岗位工作职责相关的问题，主要了解该岗位的员工"做什么"，比如：

- 您目前所从事岗位的主要工作内容和职责是什么？有哪些是核心工作任务，大约占工作时间的比重是多少？
- 您觉得有哪些工作是比较有挑战性的？应对策略是什么？
- 基于公司业务发展规划，您认为未来该岗位的工作内容会有怎样的变化和调整？

与岗位所需胜任能力相关的问题，知晓该岗位的员工"缺什么"，比如：

- 您认为一个优秀的××岗位员工应是怎样的？其中的关键点有哪些？

- 您认为，该岗位的员工目前普遍缺乏的、亟须提升的能力有哪些？
- 基于未来的业务发展，您认为，该岗位员工还有哪些方面需要快速提升？

与培训工作相关的问题，即明确该岗位的员工"学什么""怎么学"，比如：

- 您过往都参加过哪些主题的培训，通过什么方式或途径参加的？
- 您觉得之前参加培训的效果如何，对工作有怎样的指导价值？
- 基于工作岗位和个人未来发展的需要，您未来还希望参加哪方面的培训？

与项目期待和建议相关的问题，即明确"怎么好"地进行学习，比如：

- 您对这个学习项目有怎样的期待？
- 您对这个项目有什么意见或建议？
- 对于这个项目的后期实施，您有哪些认为需要规避和注意的事项吗？

焦点访谈的步骤、关键内容和相关注意事项等和高管访谈是比较相似的，很多内容在此就不再赘述了。

焦点访谈的提问逻辑

焦点访谈和高管访谈有着众多相似之处，例如访谈框架相似、访谈逻辑相似、访谈过程也比较相似等。较之于高管访谈，焦点访谈最大的优势是访谈情景更加轻松、访谈主题更加聚焦、访谈内容对于后期的需求分析等有直接的借鉴价值。

1. 焦点访谈的四个提问逻辑

（1）明确目的和价值：访谈前要说明访谈的目的和期望，减少对方的心理顾虑,以尽可能得到对方的配合。

(2)工作分解和细化:访谈前请业务专家将目标岗位的工作任务尽可能细化成具体的阶段、步骤和行动,由框架到细节,逐步深入访谈内容。

(3)观点总结和确认:访谈过程中每完成一个部分的访谈内容,及时总结对方谈到的关键点,并请对方确认,以保证双方理解的一致性。

(4)意见征求和收集:访谈结束后,对后期可能会"使用对方的经验、方法或者案例"等要征求对方的意见,或者给予相应的建议。

总的来说,对业务专家的访谈要沿着"任务—能力—学习主题"主线开展,一个具体问题没有访谈结束前,切勿仓促引入新问题。同时对类似于个人收入等敏感问题也不可轻易提问或回应。

2. 可借鉴的业务专家焦点访谈思路

可借鉴的业务专家焦点访谈思路如下:

(1)您所从事岗位的具体工作内容有哪些?

(2)您从事这项工作的主要心得有哪些?

(3)这项工作的关键环节有哪些?

(4)做好这项工作第一步会碰到什么挑战?您是怎么做的?用了什么工具?

(5)可以举一些更具体的例子吗?

(6)我想和您确认一下,您刚才讲到的第一步,最重要的是以下几个观点是吗?……

(7)您觉得这一步里面,最可能犯的错误是什么?如何避免?

(8)您觉得这一步里面,最困难的地方是什么?需要提前做些什么准备?

(9)那第二步是什么呢?

…………

业务专家是从基层岗位走出来的标杆，他们对于本职岗位和工作有着直接的感受和思考，他们的意见和建议也是最可能马上奏效的方法，因此对他们的访谈既要做到宏观有局，也要做到微观有序，尽可能全面细致。

3. 按照组织需求层次设计访谈提纲

焦点访谈的问题提纲也可以参考前述组织四层级需求理论进行系统设计，这样可以让访谈内容模块更聚焦、思路更清楚、更富有逻辑性。

|实例|

某企业业务专家访谈大纲

绩效需求维度：

1. 目前××岗的主要职责是什么？它对××（公司/部门）的核心价值点在哪里？

2. 目前，该岗位工作中耗时最多的内容是什么？这些内容对工作结果影响有多大？

3. 日常工作中价值最大的工作是什么？这些内容对工作结果影响有多大？

4. ××工作带给您最大的成就感是什么？您都取得了哪些收获和成长，是否有相关的奖励和荣誉来证明？

5. 您认为，目前咱们部门的员工在工作绩效方面整体表现如何？距离部门领导的要求有多大的差距？主要的原因是什么？

6. 您认为，您可以把工作做得比其他人更好、更容易得到领导认可的主要原因是什么？

工作环境需求维度：

1. 您认为我们部门在组织能力方面，比如信息数据、制度流程、工具资源和激励奖励等，整体做得怎么样？如果还有差距，主要的差距点在哪里？

2. 近几年，部门在提升组织能力方面有过一些什么样的举措？具体都是什么？其中您印象最深刻的举措是什么？对您影响最大的举措又是什么？

3. 近几年，部门在提升组织能力方面的举措都取得了什么样的效果？是否有具体例证？

4. 您认为我们还可以通过哪些努力来提升部门的整体工作绩效？具体的建议举措是什么？

员工能力需求维度：

1. 您认为咱们部门员工目前表现出来的工作能力与岗位期望的能力相比，整体如何？

2. 部门是否已经有员工在知识和能力方面达到了组织期望的要求？这样的员工数量占比是多少？

3. 在您看来，咱们的优秀员工和一般员工，在技能和知识上最大的差别是什么？

4. 您认为我们可以通过什么途径来弥补这些差距，实现全员绩效提升？

5. 部门之前是否通过其他途径（如培训）来尝试提升这些技能？如果有过，结果如何，原因是什么？

粗线条回答的深度挖掘

无论是高管访谈还是焦点访谈，在真实的访谈过程中，学习发展顾问经常会遇到被访谈者的以下回答或论述。

（1）说不清楚：只能停留在感觉层面，例如"我们单位效率太低了""我们人心太不齐了""我感觉我们单位还是不行"等模糊性描述。

（2）夸大其词：带有明显的情绪色彩的陈述，例如"这群人简直无药可救了""我觉得现在要改变非常困难""我觉得我们销售队伍太差了"等夸大其词的描述。

（3）有所隐藏：出于某些自身的原因或考虑，对有些信息只讲学习发展顾问愿意听的，或者对有些信息只透露一部分，其他的故意隐匿不说，例如"这个事嘛，行业里面都这样，你懂的……""我们领导的个人原因嘛，你懂的……"等似有似无的描述。

（4）久病良医：自认为对组织的问题非常清楚，甚至已经有了解决答案，抱怨之前没有人听他的想法或按他说的去做，例如"如果当时按我想的来，现在……""我当时给领导建议过，最后没有被采纳，如果按照我当时说的……"等借机标榜自身的描述。

以上问题在各类型访谈中特别常见，我们有必要给出对于类似问题的应对建议。

1. 引导对方用具体的现象或者事实进行描述

通过引导式追问，让模糊性想法进一步明确和清晰。这种方法的有效性在于帮助我们将一个比较主观的观点转换为相对客观的事实陈述，方便我们进一步去看清问题的真实面目。笼统描述与具体描述的对比如表 2-2 所示。

表 2-2　笼统描述与具体描述

笼统描述（被访谈者）	具体描述（学习发展顾问）
我们的效率太低了	您是说我们现有的工作流程过于冗余，导致相同时间内的产出比较低，对吗？
他们总是把办公桌搞得乱七八糟	您是说他们没有收拾整理办公桌的习惯，往往不收拾办公桌就下班溜了？
这种人简直不可救药	您是说他的能力和他的工作岗位不匹配吗？
他还是不行	您是说他现有的能力还不能胜任现有岗位吗？

2. 将对方的问题进行分类总结，再请对方确认

在真实的访谈情景中，被访谈者不只会给我们想要的答案，还会给

我们很多问题，且这些问题往往是多个方面的，这就需要我们及时将他们所提的问题进行分类和提炼，方便整理思维，系统地跟进访谈过程。

| 实例 |

  被访谈者：我觉得我们的导师辅导制度根本就没有达到上级公司想要的效果，迟早流于形式。

  学习发展顾问：哦，为什么这么说？

  被访谈者：你看现在，都是哪些人在做导师？导师自己能力不行怎么辅导好学生？导师整天负面情绪满天飞，整天在单位里面搞小团体，整天迟到早退……

  学习发展顾问：您是说，我们的导师制在导师选聘上有一定的问题。

  被访谈者：嗯，不光是导师选聘上，现在很多人做导师就是为了拿辅导津贴。上级也不管辅导效果怎么样，只要是导师的身份就可以领津贴。有些导师年年领津贴，带的学生来一个走一个……

  学习发展顾问：哦，看来导师的辅导津贴这一块也不是很合理。

  被访谈者：当然了，企业搞导师制的初衷肯定是好的，我们也可以理解。不过话说回来，辅导过程中要填的表太多了，比如辅导任务分析表、单次辅导记录表、半年辅导总结、全年辅导总结、年度优秀辅导案例，我们是一线岗位，每天忙生产都焦头烂额了，谁还有心思去搞全这一套动作啊……

  学习发展顾问：看来我们现在导师跟进过程设计也有问题。

  被访谈者：再说公司引进的导师辅导的课程，根本就不贴近我们的工作场景。你看那个课讲了怎么辅导、用什么工具和方法，但回到工作场景，我们还是不知道怎么做。大部分人还是在用惯性的思维把这个事情应付过去。

> 学习发展顾问：这说明我们导师辅导的课程内容也需要做一些优化了。
>
> 被访谈者：嗯，我也说多了，基本上把导师制的各个方面都批评了，感觉不像是访谈，更像是吐槽。

这样的及时总结和确认，有助于我们进行系统的梳理，方便我们更加客观地审视事实的完整性，也方便我们后期更有针对性地进行学习项目设计。

3. 请对方量化所描述的问题或问题所造成的影响

学习发展顾问可以尝试引导被访谈者将所描述问题进行量化，以进一步将问题的真相进行还原。特别要说明的是，所描述问题很多时候是动态发展的，还需要关注问题的趋势性。

> | 实例 |
>
> 被访谈者：我们现在的采购流程太复杂了。
>
> 学习发展顾问：哦，太复杂了，您是说采购流程的时间太长了吗？
>
> 被访谈者：嗯，按现在的流程，一项采购走下来，外面市场的黄花菜都凉了。
>
> 学习发展顾问：看来这个影响还是挺严重的，那咱们目前单项采购全流程的时间大概是多久？
>
> 被访谈者：60天左右吧，从立项发起、领导上会到招投标，最终签订采购合同。
>
> 学习发展顾问：那听起来确实有些长。如果请您给我们目前的采购流程打分，1～10分，您觉得可以打几分？

> 被访谈者：2分吧。
>
> 学习发展顾问：这么低啊？那您觉得我们目前的采购流程中，最耗时的是哪个阶段？
>
> 被访谈者：是立项后上会审核的阶段。
>
> 学习发展顾问：这个阶段为什么如此耗时？
>
> 被访谈者：因为要协调很多评委和领导的时间，而且采购单位不会为你的某一项采购发起一场采购评审会，它是一段时间组织一场采购评审会，这样的话单个采购项目的采购时长就很难掌控了。

通过以上类似的量化方式，不仅可以帮学习发展顾问更好地了解问题的现状，也可以帮助被访谈者本人更好地描述和认识问题的现状，更容易获得有效的访谈信息。

在面对具体学习项目时，学习发展顾问可根据项目具体情况灵活选择前面的四种调研方式，既可以只选用某一单项方式，也可以选择两个或三个组合的调研方式等。最终我们要将各种调研方式中发现的所有问题和可能原因进行罗列归类，形成一份完整的项目需求访谈清单。

筛选差距，确定核心痛点

前面章节我们讲到，培训作为一种赋能方式有其自身的能力边界。这种能力边界就决定了对于我们前面调研之后罗列的所有问题，有且仅有一小部分可以通过学习项目的方式进行解决。那到底哪些问题可以通过学习项目设计来改善呢？我们在此要引入吉尔伯特行为工程模型（BEM模型）对前面罗列的问题进行归类筛选。

什么是行为工程模型

1. 行为工程模型简介

1978 年托马斯·吉尔伯特（Thomas F. Gilbert）出版了《人的能力》（*Human Competence: Engineering Worthy Performance*）一书，这本书成为国际管理学领域的经典著作，至今在管理学领域都有着极大的影响。在该书中，吉尔伯特提出的"行为工程模型"（behavioral engineering model，BEM）成为众多企业进行绩效分析和改进的基础，也成为今天国际绩效改进领域的基石性理论，他本人也因此被称为"绩效改进之父"。

根据吉尔伯特的研究，影响组织或个人绩效达成的因素主要有三种，分别是信息因素、设备因素和动机因素，这三类因素又植根于组织环境和员工个体两个层面中，具体如表 2-3 所示。

表 2-3 吉尔伯特行为工程模型

因素	信息因素	设备因素	动机因素
组织环境层面	数据 ● 中肯而频繁的反馈 ● 期望绩效的描述 ● 绩效的清晰准确的说明	工具 ● 相匹配的工具和材料 ● 提供及时的支持和帮助	激励 ● 金钱激励 ● 非金钱激励 ● 职业发展机会等
员工个体层面	知识 ● 经过科学设计的培训 ● 人员的合理配置	能力 ● 灵活的绩效时间安排 ● 辅助手段 ● 科学的选拔等	动机 ● 工作动机评估 ● 招聘合适的人才

不得不说，行为工程模型是综合而全面的，它提供了多角度诊断和改进组织与个人绩效问题的思路，为了便于大家的认识和理解，国内著名绩效改进咨询公司华商基业对模型进行了形式上的调整，并引入了相关的研究数据（见图 2-2）。

我们可以从转换后的模型中看到，影响组织和个人绩效达成的因素分为两类，分别是环境因素和个体因素。在环境因素中，自上而下按照从易到难的顺序分为三层，分别是数据、信息和反馈层，资源、流程和工具层，后果、激励和奖励层；在个体因素中，自上而下按照由易到难的顺序分三层，分别是知识技能、天赋潜能和态度动机。

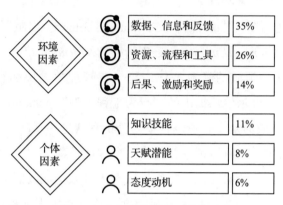

图 2-2　吉尔伯特行为工程模型

2. 模型的应用解析

基于 BEM 模型，绩效改进理论认为，环境因素对组织或个人绩效达成的影响是 75%，个体因素为 25%。通俗一点说，75% 的绩效问题是因为环境因素而产生的，例如项目数据不准确、信息提供和反馈不及时、工作流程过于冗余、缺乏工具、奖励激励不及时不到位等，而仅有 25% 的绩效问题是因为人的因素所引起的，例如人的知识和能力不足、天赋不够、态度不端正或者动机不足等。

但现实是，对于组织中的某个绩效问题，我们一般倾向于根据思维惯性直接去找人的原因，也就是直接去追究负责这个工作的员工的责任。因为找人是最简单的究责方式，但作用往往并不大。BEM 模型的数据还启示我们，我们需要改变已有的惯性思维，在我们准备就某个绩效问题追责具体人之前先去盘点环境因素是否都做到位了。绩效改进有一句名言，叫"先技控再人控"，它说的就是面对具体的绩效改进问题，我们首先要去控制和改进环境方面的因素（技控），再去思考对于人的行为技能的改变（人控），毕竟人是很复杂的物种，改变人是很困难的事情。

> **|实例|**
>
> 某三线偏远城市的国企，为了提升入职新员工的留存率，增设了近三年新入职员工岗位津贴，按照每月 500 元的标准进行发放。但实施一年后，人力资源部门发现效果并不明显，新入职员工离职率仍居高不下。公司领导层认为是人力资源部政策宣贯和落实不到位导致的，这就属于典型的追责人的思维。后来利用 BEM 模型进行分析后，我们建议全年 6000 元的岗位补贴金额不变，但可以换一种发放形式：将现在的月度发放，改成按照年度总额进行发放，而且第一年年末只发放当年的 80%，也就是 4800 元；第二年年末发放当年补贴的 80%，并补发前一年的 20%，同时还给予 10% 的新增奖励（公司单独增加成本）；第三年年末全额发放当年补贴，补发前一年 20%，并给予 20% 的新增奖励。通过这样的方式，新员工的留存率提升了 35%。企业补贴金额并没有增加太多，但发放形式发生了变化，新入职员工留存率就有很显著的变化。这个例子就是对环境因素中第二层的流程工具进行改变带来的绩效提升。

学习项目聚焦于个体因素的改变

1. 不同层级的绩效影响因素需要不同的改进方式

根据 BEM 模型的分析，影响组织绩效问题的环境因素和个体因素不同，我们在选择改进方法时的具体行动也应有所不同。

（1）数据、信息和反馈的因素主要是指信息数据是否清晰、是否可以及时获得、是否可以及时反馈等，我们可以选择的改进方式就包括梳理岗位职责、明确工作内容、增强岗位职责的清晰度、建立信息沟通的渠道、优化信息沟通的模式、优化简化现有信息沟通的流程、引进信息化工具等。

（2）资源、流程和工具的因素主要指达成绩效目标的资源和工具配备情况、功能达标情况，对应的支撑保障措施情况等，我们可以选择的改进方式可能包括对公司现有的资源进行梳理，测试各种工具的性能，建立定期检查工具性能的机制，建立内外部专家支持系统，构建内部的资源配置团队，打通现有资源配置中的关键堵点等。

（3）后果、激励和奖励的因素主要是指因为激励奖励不到位带来的绩效未达成的情况，那我们可以选择修改优化现有绩效体系，重新梳理现有薪酬福利机制，制订新的奖金计划，建立鼓励创新、包容失败的机制，丰富现有激励形式，增加精神激励等改进方式。

（4）知识技能的因素主要是指员工知识能力存在短板导致的绩效未达成的情况，我们可以选择梳理岗位职责说明书，分析建立岗位素质模型，建立岗位学习地图，通过测评方式来确定员工目前的知识和能力水平，设计对应的学习项目给予赋能，萃取绩优员工的工作方法和案例，引进在岗督导和岗位导师制等改进方式。

（5）天赋潜能的因素是指员工不具备该岗位需要的身体或心理特质导致的绩效未能达成的情况，我们可以选择通过建立岗位人才评鉴中心，进行潜力训练，细化岗位工作体验，加强前期的招聘选拔等方式来优化。

（6）态度动机因素是指员工态度不端正或动机不足导致的绩效未达成的情况，我们可以选择通过强化工作结果的意义，隔离职场中的负面人物，优化薪资福利体系，强化目标、计划和资源之间的匹配，建立适度的培训体系，进行适度的岗位和人员调整等方式来优化。

2.通过BEM模型发现学习项目的真正着力点

通过BEM模型进行分析，我们会发现，学习项目的真正着力点在员工个体因素的改进。例如，武汉某公司出现"新客户严重流失"的绩效问题，他们希望通过培训的方式来减少客户流失，但我们经过现场访谈和调查后发现，这可能并不是一个简单的培训问题，这是一个典型的绩效改进的问题。

经过焦点访谈和问卷调查，我们发现客户流失的可能原因和对应的 BEM 模型的原因类别如表 2-4 所示。

表 2-4 客户流失原因分类

可能原因	原因类别
竞争对手推出了新的竞品和促销措施	数据、信息和反馈层
客户流失的统计报告未能及时传递给相应服务部门	数据、信息和反馈层
客服人员对于老客户的维系并没有奖励或激励措施	后果、激励和奖励层
客服人员维护客户的技能不足	知识技能层
有些客服人员身兼数职，忙时根本顾不过来	资源、流程和工具层

有了以上清单，我们在指导该公司改进此绩效问题时可选取的改进措施就非常丰富了，包括但不限于表 2-5 中所列的改进措施。

表 2-5 绩效问题与改进措施匹配

绩效问题	改进措施
竞争对手推出了新的竞品和促销措施	设计针对性的市场策略和产品，定向打击
客户流失的统计报告未能及时传递给相应服务部门	建立客户流失信息全过程数据分析机制，及时收集、统计和分析，并将分析结果传递给客户服务部门
客服人员对于老客户的维系并没有奖励或激励措施	优化现有激励奖励机制，将客户维系纳入奖励范围
客服人员维护客户的技能不足	组织客户维系能力专题培训
有些客服人员身兼数职，忙时根本顾不过来	增加客户服务人员数量，逐步建立专职客户服务团队

通过上例，我们会发现，学习项目最终都会出现在弥补相关人员知识技能层，也就是我们利用 BEM 模型对各种原因进行分类后，最终真正能够通过培训解决的，往往聚焦在该绩效问题背后员工能力提升的问题上。

学员画像及关键能力差距描述

通过 BEM 模型，学习发展顾问分类筛选出组织可以通过学习项目来解决的能力差距，但这个差距还是不能马上拿过来进行学习项目设计。任何学习项目最终都要落在具体的学习对象身上，但对于相应的学习对象我们还不了解，对于他们所从事的岗位我们也并不熟悉，对于他们是否参加过相关的学习也并不知晓，这就需要我们从学员画像、学员工作分析和往期受训经历分析三个维度来充分了解学习对象，进一步找准学习对象的能力差距和学习要求。

1. 学员画像

设计一个好的学习项目，不仅需要通过调研了解企业目前的困境和学习对象目前的能力短板，更需要充分了解学习对象：这批学员的年龄和学习特征是什么？他们对于学习有什么爱好……我们认为，虽然学习对象因为工作原因聚集在一个企业里，但不同学员的学习风格、学习偏好都有差异，而这些差异将直接影响学习项目后期的设计和运营，所以我们要对他们进行画像。

学员画像是关于学员的虚拟化特征的集体描述，主要包括目标学员的身份、年龄、性别、婚姻状况、工作性质、行为喜好、学习习惯等。当这些特征都搞清楚的时候，一幅清晰的学员画像就会出现在我们眼前。

（1）身份。身份不同，思维模式、工作内容和习惯不一样，学习项目运营策略也会有不同。如果某个移动学习项目是针对新员工进行的，则可以推送更多企业概况和文化方面的内容，线上互动也可以更丰富更高频，因为新员工刚来到一个企业最渴望了解企业概况和各方面信息；如果该项目是针对中层管理人员晋升的项目，推送的策略则可以选择他们最需要的内容和最方便的学习时间，因为他们一般很忙。

（2）年龄及性别。这两个元素通常可以放在一起分析。年龄和性别的不同，会影响到学习项目的内容、时间、互动的频率和形式。年轻人，睡得晚，喜欢新兴事物，好玩的标题对他们特别奏效；年纪稍大的人，大多数乐意接受正经严肃的表达和互动方式，作息也比较有规律，这就关系到调动他们参与到学习及互动的时间和方式。男性较多的企业，如物流业或通信行业，日常的学习内容可以充满刚正气息，以引起情感共鸣；女性较多的企业，如服装行业或咨询行业，学习的形式和内容就可以更贴心，从调动细腻的情感做起。

（3）地理位置与婚姻状况。一线城市和二、三线城市的学员的生活习惯、喜好内容会有不一样。一线城市的群体工作压力大，自我成长需求迫切，参与到学习项目中的人数一般会比较多，二、三线城市的生活压力小，工作稳定性强，自我学习的驱动力自然也弱。同一个企业的学习项目如果同时涵盖多个群体，则需要区别对待进行运营。单身与否也是一个重要的影响因素，如果单身或未婚的多，学习项目的活跃度可能会更好，而已婚族多的话，学习的内容和互动则要注意选择他们方便参与的方式和时间点。

（4）所在行业与工作性质。不同行业和不同工作性质的人，思维、行为和喜好都会有很大不同，这在很大程度上会影响到学习项目的运营。比如互联网行业的人平时工作接触的就是电脑和手机，早已习惯线上的方式，向这个群体推广和运营移动学习会相对轻松；制造业、物流业的一线员工平时看手机的时间本就不多，下了班后使用手机大多数时间也是娱乐，推广移动学习方式就比较难。

（5）行为喜好与学习习惯。学员平时工作忙碌程度如何，喜欢哪方面的内容，哪些方面的自我成长需求强烈，喜欢秀自己还是习惯低调，喜欢线上互动还是线下见面，喜欢共享还是习惯沉默，几点下班和几点休息，下班后喜欢做什么，喜欢什么电影，喜欢什么书……这些信息都可以给学习项目运营提供决策依据。

俗话说：知己知彼，方能百战百胜。学习项目设计就像与一个人相处，想要跟他玩得来、处得好，首先得了解他，深入地了解他。只有先深入地了解学员，才有可能做到以学员为中心。例如，我们在给一家企业做内训师培训时，参与培训的人基本上都是核心销售人员，学历普遍不高，且年龄在 29 岁左右，女性为主，所有人几乎都没有参加过 TTT 培训。了解了以上信息以后，我们心目中对于学员就有了一个大概的画像，在项目设计时就能做到心中有数了。

2. 学员工作分析

学员画像和学员工作分析是员工能力痛点分析的两个必备内容。在学员画像的基础上，完整的工作分析可以帮助学习发展顾问更好地了解学员所从事的具体工作内容，更有针对性地找到差距，设计高质量的学习项目方案。

工作分析的主体是工作岗位，主要是从学员当前的工作职责、业务场景、核心能力、关键能力差距等维度去认识岗位本身，可参考的问题清单如下：

- ▶ 学员目前的主要工作场景有哪些？
- ▶ 他们在具体的工作场景中，主要的工作内容有哪些？
- ▶ 这些具体工作对于学员都有哪些能力要求？
- ▶ 在这些必备的能力里面，哪些能力目前的差距最明显，且提升起来难度较大？
- ▶ 对于学员的某项工作内容来说，其考核标准是怎样的？
- ▶ 在这么多的工作内容里面，最重要且日常占用时间最长的是哪项工作？

…………

学员工作分析的很多内容在前面的高管访谈、团队共创和焦点访谈中都可能涉及，这里需要学习发展顾问综合各种调查方式的结果，进行系统的整理，形成学员工作分析。

3. 学员往期受训经历分析

学员的能力水平也和他之前是否接受过对应的培训学习有关，分析学员曾经接受的培训学习经历可以提升后期学习项目设计的针对性、减少类似内容的重复培训、提升培训教育经费的使用效益等。一般在进行学员往期受训经历分析时，我们侧重从以下问题进行思考。

- ▶ 之前这群学员都参加过哪些培训学习，当时是为了解决什么问题参加的？
- ▶ 当时培训的组织形式是什么样的？
- ▶ 培训学习结束后，学员的评价如何？
- ▶ 当时学习结束后，是否进行了培训评估？
- ▶ 当时是否出现了一些待改进的问题？这些问题对于我们新的学习项目有什么借鉴意义？

4. 核心能力差距界定

经过以上三个维度的分析，我们对于学习对象有了清晰明确的认识，也明白了他们的主要工作内容和曾经的学习历程。从以上三个维度的分析，我们也可以得出目前学员面临的关键能力差距是什么，也可以使用以下问题对关键能力差距进行明确。

- ▶ 我们目前要聚焦学员哪个关键业务场景进行学习项目设计？
- ▶ 当前场景中，学员亟须提升的核心能力是什么？这种能力不足的主要表现有哪些？
- ▶ 如果学员的该项能力得到了提升，学员应该会有什么样的绩效表现？
- ▶ 如果可以用数据描述当前能力的现状，我们可以怎么描述？
- ▶ 如果对学员能力提升后的表现进行数字化描述，我们可以怎么描述？
- …………

小结

立足公司战略，聚焦业务痛点，输出"学习项目需求整理表"。

学员对象	需求调研方式		
被访谈人/被调查对象			
学员当前的工作任务	面对的困难	可能的解决方案	解决方案的BEM层级
可通过学习项目解决的困难（提升的能力）			
学员群体画像	岗位层级、年龄、性别、婚姻状况、工作性质、工作年限、行为喜好、学习习惯		
学员以往参训经历	曾经参加的学习项目		
	曾经参加的学习项目中的亮点和不足		
学习对象的关键能力差距描述			

Learning project design
complete practice

第 3 章

策划学习内容，匹配改进需求

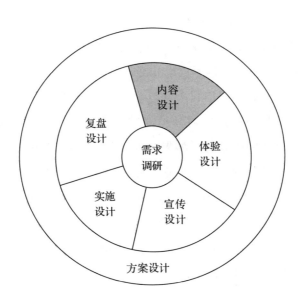

需求调研是学习项目设计的基础。完成需求调研后，学习发展顾问对组织当前的业务或管理问题的现状有了比较清晰的认识，对于学习项目需要解决的问题有了清晰的界定，对于学员画像和能力差距也有了相对准确的理解。有了这些基础之后，学习发展顾问就可以开始学习项目的内容设计了。

制定学习目标

什么是学习目标

美国管理大师彼得·德鲁克（Peter F.Drucker）于 1954 年在其著作《管理的实践》中最先提出了"目标管理"的概念。德鲁克认为，并不是有了工作才有目标，而是相反，因为有了目标才能确定每个人的工作。学习项目也是如此，有了明确的学习目标才能确定学习对象的具体学习内容、学习形式和学习安排等，也才能确定相对应的其他配套事宜。

学习目标是所有学习项目参与者希望达到的共同结果。从学员的角度出发，它是指学员通过学习项目能够获得的改变，包括知识的增加、态度的改变和技能的提升等。如果学习项目缺乏明确的目标，学习发展顾问就无法为学员绘制出清晰的学习路径，也无法将学习路径有效地传达给学员，更无法有效地吸引学员对学习全过程的注意力。

学习项目设计的全过程就如同经历一段曲折的旅程，这段旅程的起点是学员现在的位置，终点则是他们希望达到的目标。学习的真正目标并不仅仅是让学员获得一堆具体的知识，更是希望帮助他们充分地掌握和运用这些知识，提升自身能力，做到那些在学习之前无法胜任的事情。

为什么需要制定学习目标

在学习项目中，学习目标的价值主要体现在激发学习动机、牵引学习方向、验证学习结果三个方面。

（1）激发学习动机：这是所有学习目标的首要价值，回答学员"为什么要参与这个学习项目"的问题，集中释放学习内容的核心价值点，突出学习设计的形式创新，提升学员参与的主动性和积极性。例如，"帮助学员掌握结构性思维的四个特点，能够在30分钟内快速完成一篇演讲稿的思路梳理和架构搭建"，这个学习目标清晰地说明了学习之后的成果和收获，能够激发学员主动参与学习的热情。

（2）牵引学习方向：主要回答学员"学习过程中是否始终围绕业务痛点"的问题，实时对标，经常查看，及时了解，确保学员的学习行为和学习过程始终聚焦在最初的能力差距上，以便及时跟进纠偏。学员在学习过程中"迷路"的现象并不少见，明确的学习目标是学员学习过程中的灯塔和向导。

（3）验证学习结果：主要回答学员"如何证明学习项目达到效果"的问题。良好的学习目标能够有效地支撑前后对比验证，及时总结优缺点，沉淀经验做法，形成组织智慧。

学习目标制定中的常见问题

根据我们多年学习项目设计的经验，目前学习发展顾问在制定学习目标时，在内容和形式方面都面临诸多挑战，主要有以下三个方面。

（1）目标不够具体，存在严重的假大空现象。例如，某个学习项目确定的学习目标是"帮助学员掌握基础管理能力"，这个目标过于模糊，似有似无，可有可无，对于所有管理类学习项目似乎都可以用到，不具有本项目的针对性，也无法有效地激发学员的参与感。

（2）目标不能量化，无法有效跟踪和考核。例如，某个学习项目确定的学习目标是"帮助学员达成全年绩效"，这个学习目标既模糊又宏观，且无法量化。学员的全年绩效是多少？我们的学习项目要帮助他达成多少？后期如何验证我们是否达成了这个目标？如果改为"在熟练应用陌生拜访技巧的前提下,帮助学员(产品销售经理)将陌生拜访的成功率提升20%",就比较符合前面所谈到的激发、牵引和验证的作用。

(3)目标过于虚化,不具有牵引性,难以达成。例如,某个学习项目确定的学习目标是"通过3小时的学习,帮助员工掌握精益管理的意义和方法,从而改变员工的认知,认同和理解公司战略"。在这个学习目标中,3小时要掌握精益管理的知识是有难度的,而且要在这个基础上帮助学员改变认知,认同和理解公司战略,这就更难了。

学习目标是所有学习项目参与者(不只是学员)都非常关注的最终结果,不能太大,更不能太虚。我们认为,好的学习目标一定是以学员为中心,紧贴学员解决当前关键业务问题的能力需要设计的,一定是接地气、"小而美"且最好能够"场景化"描述的。

学习目标制定的方法:ABCD法

美国学者罗伯特·马杰(Robert Mager)在他的《程序教学目标的编写》一书中提出:学习目标应该包括行为、标准、条件三个基本要素。他认为,在学习目标的表述中首先应明确学员通过一定的学习后,应获得怎样的能力(行为),这种关于能力的描述是学习目标中最基本的要素;其次,这种能力一定是可以进行行为化衡量的(标准);最后要说明学员的能力达成需要什么样的内外部条件(条件)。我们将由这三个要素所构建的学习目标定义为表现型学习目标。

表现型学习目标以学员的表现为核心,注重学员学习完成后表现出来的完成具体"任务"的能力,它是唤起性的,而不是规定性的。例如,参加本学习项目后,"学员可以在一周内独立完成一个学习项目的设计任务,并在小组内部进行方案讨论,输出五点学习感受"。

表现型学习目标的优点是清晰性,它可以清楚地告诉学习项目的参与者,参加学习项目后可以完成的具体动作,以及对应的考核评价方式。一般来说,一个好的表现型学习目标中本身就蕴含了对学习结果的考核方式和评价标准。

在编写具体学习目标的实践中,后来者在马杰教学目标三要素的基础上将"教学对象"这一要素进行了明确,越来越多的学习专家开始从"教学对象(audience)、行为(behavior)、条件(condition)和标准(degree)"四个要素来定义学习目标,这一方法也因此被称为 ABCD 法。

ABCD 法是一种反映行为主义的观点、强调用行为术语来描述学习目标的方法。

(1) A(audience),意为学员,指参加学习项目的学员,是目标表述句中的主语。如"新入职员工""解决方案经理""新员工导师""年轻干部"和"客户经理"等。

(2) B(behavior),意为学习行为,在学习目标的构成要素中,具体的学习行为及其结果是一个最基本的要素。它说明了学员通过学习所能够完成的可观察的行为及其内容(例如,制作 10 页 PPT、完成一份信息稿撰写或者修改一份述职报告)。

根据加涅的学习层次理论,同一知识对于不同的学员,其学习类型和学习层次是有区别的,在拟定学习目标时,选取的行为动词也应该有所区别。例如,对于知识概念类学习内容,我们一般侧重于使用了解、理解、认识、记忆、领悟等行为动词,而对于技能技巧类学习内容,则偏重于使用掌握、运用和提高这样的行为动词,具体可参考表 3-1。

表 3-1 学习内容类型与常用动词对应表

学习内容类型	常用动词	案例	备注
知识、概念类	了解、理解、认识、记忆、明白、领悟	了解公司发展史 理解新员工的岗位要求 理解团队组建的核心要素	必须落到具体的知识点上面,以知为主
态度、观念类	转变、强化、认可、提高、改善	转变对公司考勤的态度 改变工作拖拉的习惯	必须落实到具体认知上面,以变为主
技能、技巧类	掌握、运用、提高	掌握员工辅导四步法 掌握 DISC 四象限沟通法	必须落实到具体行为上面,以行为主

(3) C(condition),意为条件,学员相关学习行为的触发是需要

一定的情境条件的,也就是说,学员在证实其已经掌握相关学习内容时,常常附有相应的限制条件。限制条件往往表明学员在什么情况下或什么范围内可以完成指定的学习活动,如"用现场提供的学习材料制作……""通过内部分组讨论,制定……"或"通过自行设计游戏规则,体验……"等。

(4) D (degree),意为行为的标准,是指学员对学习内容应该达到的表现水准,用以测量学员学习结果所达到的程度。为了使学习目标具有可测量性,应该对学员学习后需要达成的行为标准进行具体的描述。这也是学习项目干系人对于学习结果的一致性衡量依据,如"能准确无误地说出……""详细地写出……""客观正确地评价……"等表述中的状语部分,便是限定了目标水平的表现程度,以便检测。

ABCD 法的实例应用可参考表 3-2。

表 3-2 ABCD 法实例应用

维度	解释说明	实例
A (audience)	学员	新进销售人员
B (behavior)	学习行为	完成两个客户的电话拜访任务
C (condition)	条件	半天内,在自学内部相关要求和规范的情况下
D (degree)	规定达到上述学习行为的最低标准,即达到所要求行为的程度	严格按照公司客户拜访流程

将 ABCD 法所包含的四个要素的内容联结在一起,就是一条非常标准的学习目标,具体如下:

(1)新进销售人员在自学内部相关要求和规范的情况下,半天内可以严格按照公司客户拜访流程完成两个客户的电话拜访任务。

(2)项目经理在认真学习内部项目需求对接规范后,一周内可以按照标准完成某个客户的学习项目需求对接,并输出一份对应的"客户项目需求沟通表"。

(3)新入行员工在完成内部办公软件操作微课自学任务后,3 天内可以完成一份个人职业规划报告（PPT 版本）。

原有学习目标与通过 ABCD 法制定的新的学习目标的比较如表 3-3 所示。

表 3-3　原有学习目标与新的学习目标的比较

原有学习目标	新的学习目标
掌握 PPT 的操作技巧	学员能够了解 PPT 的基础操作要求，熟练运用不少于 7 种常用的 PPT 操作技巧，并能够使用学习现场提供的背景素材，独立完成一套不少于 10 页的 PPT 课件
提升新员工导师的辅导技能	学员能够理解导师辅导的基础知识，了解公司推进导师制的重要意义，掌握导师辅导四步法的工作要求，能够在一周内，运用辅导四步法完成不少于 2 人、人均不少于 45 分钟的辅导任务
提高管理者的领导力	学员能够理解"领越®领导力"课程的基础内容，改变对于原有领导力的五种错误认知，并运用学习内容输出个人领导力发展计划，且在团队内部完成不少于 30 分钟的学习分享

学习目标衡量的方法：SMART 原则

依据 ABCD 法制定出学习目标后，怎么确保学习目标能够达到项目干系人的要求呢？我们可以使用 SMART 原则进行目标的校验。我们认为，ABCD 法是拟定学习目标的最优工具，而 SMART 原则是评价学习目标是否合格的标尺，也是优化修改学习目标的有力工具。

（1）学习目标必须是具体的（specific），这是指学习目标要具体可测量，不能笼统。目标要具体一点才更容易执行。比较下面这两个目标，你觉得哪个更容易实现？

1）每周都要看书学习。

2）每天至少阅读半小时，每次至少阅读 20 页。

在人类大脑进化的过程中，为了节省思考所需要消耗的能量，我们会天然地形成一种倾向：越是模糊的东西，就越不去执行。

例如，我们确定某学习项目的学习目标是"提升领导力"，这个目标既不够具体，也很难去衡量，根本不足以支撑我们去执行，如果我们改成"学员能够理解'领越®领导力'课程的基础内容，改变对于原有领导力的五种错误认知，并运用学习内容输出个人领导力发展计划，且在团队内部完成不少于30分钟的学习分享"则非常具体，也更有激发行动的作用。

（2）学习目标必须是可衡量的（measurable），这是指学习目标应尽可能数量化或者行为化，这为后期进行学习结果的验证提供了可能。例如，我们希望提高新员工的留存率、降低离职率，那我们就必须有具体的数字来说明，我们的学习项目可以帮助组织将新员工离职率降低到多少。好的学习目标最好有明确的数字，因为相比于文字，我们的大脑天生对数字更加敏感，也更容易全神贯注。例如，"学员可以在半小时内完成一份不少于5分钟的短视频拍摄作业"，这个学习目标就很有吸引力。

（3）学习目标必须是可以达到的（attainable），这是指学习目标在学员付出努力的情况下是可以实现的，避免目标过高或过低，而避免过高或过低的前提是目标中的数据必须是有依据的。例如，新员工离职率的降低数量不是拍脑袋得出的，一定是基于相关的真实数据分析得来的；"学习项目完成后，在规定时间内独立完成10页PPT制作任务"的数字也不是随便写的，一定是基于前期对应的成功经验得来的；"学习经验萃取技术后，可以按照萃取要求和目的，半天内输出一份不少于5000字的萃取案例"也必须有成功的萃取事实做基础。

那么，什么程度的目标算是"可实现的"目标呢？认知心理学家研究发现，我们每一次进阶的目标难度比当前水平高4%左右是最好的。在这种难度的挑战下，我们最容易进入全神贯注的"心流"状态，网络游戏对此的把握可谓是炉火纯青。如果留意，你就会发现，网络游戏中每一关的怪物的攻击力、能量、血量等都比上一关高，但是不会高很多（4%左右），这样更容易吸引玩家。

（4）学习目标必须与学员的工作有相关性（relevant），这是指学习目标与学员的工作任务是相关联的。例如，学员PPT制作能力提升是和学员的工作效率提升高度相关的，经验萃取报告的输出是和具体业务需要相关的，这种相关性决定了学习项目绝不仅仅是一个学习过程，同时也是思考业务、服务组织业务改善的过程。

（5）学习目标必须具有明确的截止期限（time-bound），这是强调注重完成学习目标的特定期限。所有的学习行为都必须有明确的时间界限，且学习行为达成的截止时间不能太遥远，否则大脑也容易犯懒。比如你定下一个"三年看完一百本书"的目标，可能前两年一页都没动。但如果你定"一周内看完一本书"的目标，可能今天就已经开始行动了。

策划学习主题

什么是学习主题

什么是学习主题？我们一般按照提出问题、分析问题、解决问题的思路写文章或者表达，通过自己的文章或表达明确地表示自己赞成什么、反对什么、歌颂什么、鞭挞什么，等等。这些文章或表达的核心内容其实就是我们的主题。学习主题也是如此，它是学习发展顾问对组织现有绩效问题进行调查分析、深入研判后确定的学习项目的关键词。学习主题是项目的灵魂，是统率项目、贯穿项目全过程的一条红线和中心。

在写文章的过程中，从文章内容到文章形式都要服从文章主题的需要，都要为主题服务。在设计学习项目的时候，从学习内容到学习形式、学习体验等也都要为学习主题服务，尽可能去满足学习主题的需要。学习主题是学习项目设计的中心，也是后期选择内容、安排结构、调配资源、确定形式的依据，是学习项目有无生命力、战斗力的重要衡量标准。

优秀学习主题的特点

学习主题是学习项目的核心和灵魂，优秀的学习主题能够聚焦业务痛点，直指关键问题，引发学员兴趣，其具有以下三个特点。

1. 明确与突出

在学习项目设计中，我们首先要明确待解决的问题。问题本身的界定要清晰明确、突出，不要模棱两可。有的学习发展顾问在设计学习项目之前，对自己在项目中究竟要解决什么问题，要达到什么目的，思想上模模糊糊，心中无数。这样往往会导致项目逻辑混乱、层次不清，参与其中的学员也会感觉目标混乱、毫不聚焦。设计学习项目应切忌这种情况的发生，所有项目都必须具有明确的学习主题，且要做到主题明确、内容突出，以便根据主题来决定如何匹配内容、安排结构、设计形式等。

2. 集中与单一

一般地说，一篇文章主要是围绕一个中心，表明一个主题，阐释清楚一个观点。试想，如果一篇文章这也想说，那也想说，势必头绪纷繁，什么也说不清，多中心就是无中心。相同的道理，学习项目的设计从内容的选择到学习形式的设计，都要紧紧围绕一个中心，表达一个意思，这个中心就是学习主题。学习主题要聚焦目标、前后一致、首尾照应，自始至终贯穿项目全篇。绝不能主次颠倒，不追求面面俱到，也不能节外生枝，中途随意更换主题。有些学习项目既想提升学员的表达能力、沟通能力，还想提升领导力、辅导能力等，时间很有限，但需要学习的内容却很多，无法聚焦，也就无法确定适当的主题。

3. 深刻与新颖

深刻，就是指学习发展顾问要对组织所面临的问题认识得足够深入、深刻，学习主题要能够击中要害，揭示本质，引起共鸣和共振。新颖，就是指学习发展顾问要紧跟国家战略形势、行业发展态势、组织转型需要等，深入学习和研究，从中萃取筛选符合要求的优质主题。如果学习项目的主题能够反映企业发展转型的特征和需要，集中组织全员绷紧弦，解决组织成长迫在眉睫的问题，这样的主题就足够深刻和新颖。例如，近几年所有企业都面临数字化转型的机遇和挑战，我们的某个学习项目就紧扣企业后端人才的数字化能力提升，拟定了"数转启航"的主题，得到了客户的深度认可。

确定学习主题的原则

在确定学习主题时要遵循以下原则。

（1）积极向上且充满正能量。设计实施学习项目的最终目的是帮助学员提升能力，助力组织发展，因此学习主题必须符合组织内部文化建设的要求，能够激发学员的参与动机，提升学习效果。例如，"灯塔计划"的主题能够帮助学员（内训师）认识到组织对他们的期待和要求（为其他学员提供指引和辅导），激发他们学习过程中的使命感和责任感，确保他们全身心投入学习活动。

（2）紧贴学习项目目标。学习主题必须和学习目标保持一致，紧紧服务于学习目标的实现。例如，某学习项目希望通过萃取绩优员工的做法，进而复制给更多绩效一般的员工，以优秀带动更多优秀。我们拟定的学习主题是"聚能计划"，紧贴了学习目标的核心主旨。

（3）容易记忆且充满画面感。学习主题要尽可能和现实中某些具象物的某些特点相联系，使听到的人眼前产生一定的画面感，便于留下深刻印象，如某新员工入职学习项目的主题确定为"雏鹰计划"，容易让人想到幼鹰即将展翅高飞的情景；"滴水计划"或者"穿石计划"，容易让人产生韧劲和持续努力的画面感等。

如何确定学习主题

学习主题往往是从学习项目的背景和目标中萃取提炼出来的，具有极强的概括性。总的来说，学习主题要紧紧围绕学习目标并为学习目标服务，真正起到提纲挈领的作用，让人一看就知道整个学习项目的核心内容是什么，体验到项目设计的深入思考和用心设计。

1. 提炼概括法

从已知素材中提炼概括出项目的主题。这里的已知素材包括国家战略、行业趋势、热点话题、标杆典型、广泛讨论的社会现象等。具体做法是从以上素材中抽象出独到的观点，对观点进行精确概括后最终确定为主题。提炼概括法可以从四个不同的角度挖掘学习主题，分别是：

第一，根据当前组织转型的迫切需要提炼主题。例如，某企业期待新入职员工能够快速成长、提升能力、适应企业转型的需要，我们可以提取出"破茧、蜕变、担当、聚变、磨砺、蝶变"等学习主题。

第二，根据当前企业转型战略提炼主题。数字化时代，所有企业都站在二次创业的新起点。我们可以提取出"重生、再造、再出发、领航、引领"等主题，例如，针对经理人能力提升的"亮剑计划""砥柱人才训练营"等。

第三，根据企业最新主推的产品和业务提炼主题。产品和业务是公司的名片，将产品和业务融入学习主题中，不仅能够传达项目本身对产品和业务的信心，还能体现学习项目全力融入产品和业务、推动组织绩效提升的意义。例如，某AI公司的新员工入职培训项目，它的主题就是"无限可能，因AI而生"，某音乐教育企业导师辅导项目的主题为"音为有你"。

第四，根据客户对我们的最大期待提炼主题。例如，某通信运营商原有客户投诉中最大的问题就是"报装维修不及时"，后来针对该问题设计的学习项目的主题就叫"当当计划"，和最终的解决方案"当天报当天修"是相呼应的。

2. 实事求是法

实事求是法是指结合组织的业务和发展现状拟定主题。一般是从组织当前的关键痛点、关键任务、亟须提升的能力等角度入手，客观公正地拟定学习主题。

例如，疫情之下，聚焦培训咨询行业的优质资源，培训杂志发起的帮助中小培训企业度过特殊困难时期的学习项目，主题叫"聚沙计划"；某酒店针对优秀服务人员的领导力提升项目，主题叫"金领结计划"；某互联网企业针对研发人才的能力提升项目，主题叫"研发精英培养计划"；某咨询公司针对内部优秀项目的评选激励项目，主题叫"好项目计划"；三江集团针对青年员工培养的"百川计划"等。这些都是基于企业的具体业务实际直接拟定的主题，简单方便，易于应用和推广。

3. 联想细分法

联想细分法是指由一件事联想到另一件事，由一个物体联想到另一个物体，由一个观点联想到另一个观点的思考方法。在学习项目设计中，使用联想细分法可以确定出极富创新性、贴合学员学习特点的学习主题，具体来说有两大主要联想法则。

（1）相关性法则：相关性法则是指依据学员的特点、项目的整体调性、组织的期待等，从中提取相关关键词进行联想，依据同音字或近音字来寻找可能的搭配组合。一般用于推广类学习项目，主题蕴含企业品牌名或者与产品有较强关联，从而满足品牌推广、产品宣传的需求。例如，某互联网公司2018年青年骨干培养计划主题叫"灯塔计划"，是指该学习项目如同海上的灯塔，为青年员工引领方向，寻找未来；某企业中层干部能力培养学习主题是"引擎计划"，用"引擎"寓意他们将是企业未来创新发展的核心动力，是推动企业持续健康发展的关键力量；某供应链企业将针对自身核心供应链人才的学习主题定为"新链计划"等。

（2）细分化法则：细分化法则是指通过某个主题或者具象物不断细分出更多更小更精辟的子主题，进而确定学习主题。例如，根据青年人才的成长规律，借助"鹰"的具象物，可细分为"蜕变计划""展翅计划""翱翔计划"等子主题；使用"水"这个具象物，可细分为"海纳计划""奔流计划""蓄势计划"等子主题；使用"火"这个具象物，可细分出"火种计划""星火计划""燎原计划"等子主题；使用"光"这个具象物，可以细分出"聚光计划""闪光计划""追光计划"等子主题。

总之，学习项目的主题就是学习项目的灵魂，就像一棵大树的树干，一条鱼的鱼骨，要想学习项目能够在众多日常工作中脱颖而出，我们需要结合这些方法刻意训练、多学善思、不断创新。当然，学习发展顾问为学习项目拟定主题是一个厚积薄发的过程，需要多加积累和沉淀，特别是平时见到好的主题要养成记录的习惯，后期遇到项目在思考时才能迸发新的思想火花，定出满意的主题。

常用学习主题的类别

常用的学习主题有以下几类。

（1）以"营"起名。学习项目的主题以"营"结尾命名的最为常见，"营"体现出团结、军事化、纪律严明的感觉，充满一定的严肃性和挑战性。此外，在营前还可以加上"特训""训练"等形容词，强化营本身的特殊性和针对性，如新任经理人特训营、项目管理师实战训练营、集团客户经理技能实战训练营等。

（2）以"计划"起名。学习项目的主题以"计划"结尾命名也是一种常见方式，"计划"体现学习项目有一定的目的性、周期性，让培训显得严肃和认真，能够高度体现主办方对项目的重视，如金牌讲师打造计划、青年干部培养计划、优秀年轻干部磨砺计划等。

（3）以"之旅"起名。学习项目的主题以"之旅"结尾，体现出学习项目充满乐趣，充满了各种可能的未知和挑战，丰富多样，给人一种惊喜、愉悦、特别的感觉，能够提升学员学习的体验感，如高层管理人员元领导力突破之旅、政企大客户经理心智突破之旅等。

（4）以"专项培训"起名。学习项目以"专项培训"命名主题，突出学习项目的针对性强、重点突出，是集中某一个模块、某一个方面开展的针对性学习培训，如市场经理客户满意度提升专项培训、消防安全专项培训等。

（5）以"班"起名。学习项目以"班"命名主题，体现学习项目针对特定的技能和人群开展，给人一种精致的小规模精英参与的感觉，如果再加上"精英""实战""研修"等关键词，能够让学习项目瞬间充满吸引力，如中层骨干人才培训班、企业高级管理人员战略实战班等。

（6）以"关键词+培训名称"起名。这是一种复合式项目主题命名法，关键词往往高大上，结合学习项目情况，给人一种有创意、有力量或者充满吸引力的感觉，如"追求卓越：高潜人才培训项目""夺宝奇兵：新员工入职训练营"等。

每个学习项目都有其自身的特点。如果要设计贴切的学习项目主题，就必须对学习项目的领导期待、组织现状和学习目标等做到心中有数。前述三种确定学习主题的方法和六种常用学习主题的类别仅供参考，学习发展顾问完全可以结合具体项目的特点充分创新和探索，设计出更多优质的学习主题。

匹配学习内容

什么是学习内容

学习内容是指学习发展顾问在学习项目中设计出来的供学员学习的具体课程等，它是学习项目设计的核心关注点，直接决定了学习项目的质量。好的学习内容能够紧贴学员的工作和业务实际，满足学员工作中当前能力提升的迫切需要，吸引学员的关注力和兴趣，激发他们的学习动机。

学习内容匹配的原则

学习内容匹配绝不是简单的课程拼凑，也绝对不是简单地把学习时间用课程填满的过程,而是结合学习目标、学习主题、学员学习特点以及学习内容本身的特点等进行系统架构的过程,类似于软件架构师将不同的软件功能模块进行最优组合以达到最佳使用性能。

例如某企业培训主管针对本单位的后备干部安排了如表 3-4 所示的培训内容。

表 3-4 某企业后备干部学习内容设计表

阶段	主题	时间		学习内容
第一阶段	基础技能篇	2月	第一天	09:00~17:00	结构性思维
				18:00~21:00	晚间课题研讨
			第二天	09:00~17:00	高效办公技巧
				18:00~21:00	党史基础知识
第二阶段	方法意识篇	4月	第一天	09:00~17:00	高效能人士的七个习惯
				18:00~21:00	晚间课题研讨
			第二天	09:00~17:00	时间管理成长课
				18:00~21:00	晚间课题研讨
第三阶段	团队领导篇	7月	第一天	09:00~17:00	成为领导者
				18:00~21:00	晚间课题研讨
			第二天	09:00~16:00	卓越领导力与执行力
				16:00~17:00	结营汇报+颁奖典礼

这个案例就属于典型的课程拼凑型方案,即通过果盘式的课程拼凑来填满学习时间。学习课程看似填满了整个学习日程,实则毫无逻辑、缺乏吸引力、经不起推敲,这不能称为学习内容匹配。究其原因,培训主管缺乏对于学员工作场景、当前技能差距和学习内容的深入分析,导致内容匹配只有"形"而缺少"神"。

例如,虽然按照前期调研结果将学员的能力提升设计为三个阶段,分别是基础技能篇、方法意识篇和团队领导篇,但三个阶段的学习主题排序存在明显问题,我们知道,学员的所有改变都是从意识层面开始的,因此方法意识篇应该作为第一主题,其次是基础技能篇和团队领导篇。再如,相关的党课内容应该属于意识层面的内容,却被放在了基础技能的部分,而"高效能人士的七个习惯"和"时间管理成长课"两门课程中都有时间管理的内容，却放在同一个主题里面进行学习，会造成内容重复的问题。以上类似的问题还很多，在此不再一一列举。从这个例子我们至少会认识到，学习内容的匹配并不是一件容易的事情，必须结合学员面临的工作场景、结合学习内容和学员的学习特点等要素去综合考虑、仔细推敲、慎重选择。

（1）紧贴工作场景。学习内容的匹配必须以学员的真实工作场景需要为准，尽可能地贴近具体工作任务和操作等。例如，对于通信运营商装维人员的培训内容设计，一定是紧贴其装维工作的具体实际，学习内容可以以基础装维礼仪、装维工作规范、装维过程的疑难操作等为主。

（2）熟悉课程特性。培训课程是最重要的学习内容，选择合理且适宜的学习课程要从三个方面来把握：①完整性。学习发展顾问对于所匹配的课程要有完整清晰的认识，确保课程的背景、内容、方法和实操要求等贴合学习目标，能够解决学员当前迫切需要解决的难题。②动态性。所有课程内容都是动态的经验集合，而不只是静态的知识，需要授课老师能够根据学员的不同特点进行差异化的调整，例如结合行业特点、学员工作场景特点、学员群体的学习特点等。③逻辑性。逻辑性是培训课程的基础要求，包括纵向的逻辑性和横向的逻辑性两个方面，前者指课程内部各知识点之间的逻辑衔接，后者指学习项目中不同课程之间的搭配和安排等。如本节开始时的案例，学习发展顾问既要对相应的课程做到了如指掌，更要对不同学习内容之间的联系和衔接做到心中有数，还要能够结合学员的特点请授课老师对学习内容的关键知识点、内容难度等进行差异化的调整。

（3）把握学习规律。学习内容匹配必须考虑学习内容的范围、学习内容的难度和学员的学习规律。每门课程内容涵盖的范围不宜过大或过小，过大易造成课程间的重叠现象且不易把握重点，过小则无法有效涵盖培训的整体内容。课程匹配时也应注意相关课程间的难易程度、知识层次，注意把握学员的学习特点和学习规律，以循序渐进的方式，由浅入深地帮助学员学习和掌握课程内容。

如何匹配学习内容

匹配学习内容可以参照以下几种方法。

1. 基于学习地图匹配学习内容

学习地图就是学员胜任某个岗位前需要学习的重点知识的集合。学习发展顾问通过梳理学员的岗位职责，建立目标岗位的关键能力矩阵，并基于关键能力矩阵构建目标岗位的能力素质模型，进而形成目标岗位的学习地图。有了学习地图，学习发展顾问就可以根据学员当前的能力需要直接从中选择相应的学习内容。

例如，我们通过访谈调研和岗位职责分析确定出学习发展顾问岗位需要具备的五大核心能力，分别是需求调研能力、问题分析能力、方案策划能力、项目管理能力和沟通表达能力。根据这五大核心能力我们设计出如下的能力素质模型（见图3-1），并基于能力素质模型建立了学习发展顾问的学习地图（见表3-5）。那么，学习发展顾问的未来培养就可以对标该学习地图来确定学习内容，有理有据且简单高效。

图3-1 学习发展顾问的能力素质模型

表 3-5　学习发展顾问的学习地图

关键能力	学习地图
需求调研能力	"需求调研常用工具" "访谈问卷设计四步法"
问题分析能力	"问题分析与解决" "技控密码"
方案策划能力	"学习项目设计完全实践" "好的学习项目靠设计"
项目管理能力	"高效项目管理五步模型" "学习项目全流程管理实践"
沟通表达能力	"结构性思维" "驻足思考与演讲表达"

学习发展顾问使用学习地图进行学习内容的匹配，简单高效，且具有极强的针对性和差异性，还可根据需要对学习内容进行梯次分阶设计，如初级学习发展顾问的学习地图、中级学习发展顾问的学习地图等。但这种内容匹配方法也有其自身的局限性，它需要学习发展顾问对学员的岗位职责、能力现状、期待表现等有着明确的认识和准确的界定，也需要组织能够站在三年以上的维度去思考学员的系统成长，这和企业当前的人力资源和企业发展的现状有着明显的冲突，也是很多学习项目开端很好，但难以坚持到底的关键原因之一。

2. 基于关键任务匹配学习内容

这是当前最受欢迎的学习项目内容匹配的方法，也是我们最为推荐的方法。它通过梳理学员当前的主要工作内容，确定达成业绩目标的关键任务，通过任务分解和场景拆解，筛选出达成关键任务所需要的核心能力，最终基于核心能力的差距来匹配相关的学习内容。这种内容匹配方式的好处是避免对能力素质相对空泛、笼统地描述，更加聚焦培训场景的真实性、培训内容的实用性。

例如，某企业大客户经理的核心职责之一就是围绕战略性客户开展营销工作，主办方希望通过培训提升大客户经理团队的整体营销业绩。

我们通过调研发现，该需求在培训上的真正着力点是提升大客户经理团队的核心销售能力。通过对大客户经理岗位的关键任务分析，我们找到了大客户经理在营销过程中的关键场景，主要包括客户拜访、需求挖掘、方案汇报、商务谈判、突发应对等。我们的学习内容就以上述工作场景中学员所需的核心能力为中心进行匹配。在第一期学习项目中，我们最终以金牌形象力、敏锐洞察力、超强说服力和高效汇报力四大能力为核心匹配内容（见表3-6）。

表3-6 某企业大客户经理学习内容设计表

关键场景	核心能力	课程设置
客户拜访	金牌形象力	"精英商务经理职业形象塑造"
需求挖掘	敏锐洞察力	"客户需求挖掘七步法"
商务谈判	超强说服力	"高效洞悉客户六秘诀" "决胜谈判你我他"
方案汇报	高效汇报力	"商业PPT呈现演讲技巧"

又如某企业导师辅导制学习项目的内容设计，我们前期经过调研发现，当前最困扰导师队伍的任务场景就是如何进行辅导。经过对新员工辅导场景的分析，我们筛选出导师辅导三个主要的能力差距，分别是员工辅导的能力、情绪管理的能力、时间管理的能力，最终根据这三个关键能力差距匹配学习内容（见表3-7）。

表3-7 某企业导师辅导制项目学习内容设计表

关键场景	核心能力	课程设置
员工辅导场景	员工辅导的能力	"导师辅导技术"
	情绪管理的能力	"你的情绪你做主"
	时间管理的能力	"让工作更高效：时间管理"

再如某企业青年骨干员工管理能力提升项目，根据骨干员工后期的岗位职责和核心能力要求，通过五个关键场景进行学习内容匹配（见表3-8）。

表 3-8　某企业青年骨干员工管理能力提升学习内容设计表

管理维度	关键场景	课程设置
自我管理	以身作则、做好表率	"高效能人士的七个习惯"
团队管理	任务部署、团队沟通	"向下沟通的四步法"
团队管理	工作辅导、效率提升	"绩效辅导价值百万"
事务管理	会议讲话、简报呈现	"公众表达与呈现技巧"
事务管理	沟通协调、问题处理	"问题分析与解决"

3. 基于项目形式匹配学习内容

如果学员的学习需求来源于某项单一能力的差距，可通过拆解该单一能力所对应的某门课程来进行内容的匹配。例如某企业发现年轻员工基础职场素养比较差，缺乏对个人工作和时间进行合理安排的能力，工作效率低且质量无法保证，公司领导希望给他们安排"高效能人士的七个习惯"这门课。学习发展顾问选择用学习项目的形式来帮助学员提升对应能力。

学习发展顾问结合"高效能人士的七个习惯"的课程内容，将七个习惯按照内容属性进行分类，匹配到青年员工成长的三个阶段，每个阶段学习对应的"习惯"，并为每个习惯设定对应的学习主题（见表 3-9）。在具体实施中，学习发展顾问按照每周学习"一个习惯"的节奏，匹配提交对应的学习实践报告，确保了学习内容的落地实践。

表 3-9　某企业青年骨干员工七个习惯学习内容设计表

阶段	七个习惯	学习力主题	主题目标
阶段一	积极主动	"我的成长我做主"	帮助青年员工建立独立工作意识，从依赖他人到独当一面
阶段一	以终为始	"使命让行动更有方向感"	帮助青年员工建立独立工作意识，从依赖他人到独当一面
阶段一	要事第一	"把时间花在重要的事情上"	帮助青年员工建立独立工作意识，从依赖他人到独当一面
阶段二	双赢思维	"共赢的思维"	帮助青年员工建立协作共赢意识，从独当一面到相互依赖，实现共同成长
阶段二	知彼解己	"懂你懂我"	帮助青年员工建立协作共赢意识，从独当一面到相互依赖，实现共同成长
阶段二	统合综效	"让我们 1+1 > 2"	帮助青年员工建立协作共赢意识，从独当一面到相互依赖，实现共同成长
阶段三	不断更新	"成长，长成更好的自己"	帮助青年员工持续进行个人成长投资

又如，某企业线上内训师课程开发项目根据项目特点将"优秀课程

开发技术"课程进行拆解以匹配对应的学习内容(见表 3-10)。

表 3-10 某企业内训师线上训练营学习内容设计表

方向		课题	时间
开营		开营仪式	20:00～21:00
课程开发	明方向	"明方向:课程定位四要素"	09:30～11:00
	做作业	目标确定表	答疑会
	搭结构	"搭结构:课程结构三定法"	09:30～11:00
	做作业	一级大纲辅导	小组集中辅导
	定教法	"定教法:教学策略八教法"	09:30～11:00
	做作业	课程大纲设计	答疑会
	建模型	"建模型:模型构建四技法"	09:30～11:00
	做作业	完整版课程大纲辅导	小组集中辅导
	提颜值	"提颜值:课件制作三板斧"	09:30～11:00
	做作业	完整版课程及五件套辅导	小组集中辅导

再如,某企业采用线上方式来提升实战教练的营销能力,采用了将"场景+创值营销"课程进行拆解的方式来匹配对应的学习内容(见表 3-11)。

表 3-11 某企业骨干营销人员创值营销训练营学习内容设计表

	时间	内容	细则安排
上午	09:00～09:20	集中讲授	"场景+创值营销"课程主线介绍+框架介绍
	09:20～10:00	内容拆解 1	"场景+创值营销"核心理念
	10:00～10:15	小休	
	10:15～10:40	小组实践 1	梳理核心理念逻辑视图
	10:40～11:00	分享总结	
	11:00～11:45	内容拆解 2	"场景+创值营销"策略路径
	11:45～12:15	小组实践 2	梳理策略路径关键节点
	午休		
下午	14:00～14:20	分享总结	
	14:20～14:50	内容拆解 3	核心能力 1:客户分析—洞察客户
	14:50～15:30	互动实践	拆解"BEIK 节点"
	15:30～15:45	小休	
	15:45～16:25	内容拆解 4	核心能力 2:需求确认—精确标准
	16:25～16:50	小组实践 3	"客户需求访谈单的讲解"
	16:50～17:20	分享总结	

选择学习形式

什么是学习形式

学习形式是指学员学习过程的具体组织形式,包括集中面授、在线学习、行动学习、研讨及自我学习等。学习形式是学习内容落地的载体,极大程度上影响着学员对于学习内容的理解和掌握。传统的学习形式以面授方式为主,但随着现代通信技术的发展,在线学习、机器学习等方式被逐步应用到学习项目中,学习形式越来越丰富。与此同时,聚焦学习项目解决业务痛点的真实需要,各种新的学习形式也如雨后春笋,如行动学习、经验萃取、复盘技术、导师辅导和线上线下混合式学习等。特别是近两年,因为新冠疫情的影响,线上线下混合式学习受到了越来越多学员的欢迎。

不同学习形式带来的学习效果的差别

大量的研究数据表明,不同学习形式对于学员学习效果的影响是不一样的,最直接的影响就是学习效果保有率的差异(见图3-2)。讲授形式的学习效果保有率仅有5%,分组研讨则可以接近50%,而近两年非常流行的实践练习、教授他人的形式可以让学习效果保有率分别达到75%和95%。

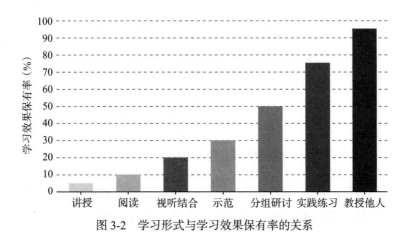

图 3-2　学习形式与学习效果保有率的关系

四化学习情景

学习形式影响学习内容的接受程度和学习效果保有率,且当前还不存在对所有的学习内容都适合的学习形式。例如,对于刚到岗位的新员工,如果我们一开始就让他自己去实践练习,缺乏讲授和示范的话,对他的成长并不是最有利的。相反,对于资深业务专家的培训,如果我们还是通过集中面授让学员去学习机器设备的基础知识,则又略显简单和枯燥。因此学习形式的选择需要关注学员成熟度和知识成熟度两个因素,一般来说,学员成熟度和知识成熟度越高的场景,越可以匹配更多地由学员自行掌控的学习形式;反之,学员成熟度和知识成熟度都较低的场景,最好可以给予更多的监督、跟进和辅导。在这里我们借鉴并优化了张立志老师在《培训进化论:从培训专家到学习设计师》中提到的学习形式匹配模型(见图3-3),即按照学员成熟度(横轴)和知识成熟度(纵轴)来区分学习情景,将学员所面临的学习情景分为"四化情景",以便进行有针对性的学习形式匹配。

	知识成熟度高	
学员成熟度低	转化情景 • 面授 • 转培 • 在岗训练	优化情景 • 在线学习 • 翻转课堂 • 微课开发 • 自我学习
	内化情景 • 专家分享 • 研讨式学习 • 复盘	固化情景 • 经验萃取 • 案例开发 • 行动学习 • 复盘
	知识成熟度低	学员成熟度高

图3-3 学习形式的"四化情景"分类

优化情景:对于知识成熟度高,且学员成熟度也高的学习情景,可以给予学员更多的自由度,鼓励他们自主安排学习时间、完成学习任务等，可采用如在线学习、翻转课堂、微课开发等学习形式。例如，某企业针对岗位绩优员工，想从他们中间培养一批内部培训师，采用的是引进外部线上课程开发和经验萃取课程，由学员进行自学，并通过定期组织线下"大咖会"的形式进行分享交流，学习效果远超课堂集中学习本身。

固化情景：对于知识成熟度低，但学员成熟度比较高的学习情景，可以将课堂最大限度地交给学员，借助学员团队的探索力量，鼓励学员去共创、优化和升级现有学习内容，可采用类似经验萃取、案例开发、行动学习和复盘等学习形式。例如，某企业针对市面上并不成熟的智慧产品营销方式的学习内容，通过组织内部经验萃取工作坊，将绩优员工的优秀做法最终提炼概括为"大客营销五步十法"，并利用课程开发和案例萃取工具形成企业自己的内部课程，借助各种内部学习渠道进行传播和分享。

内化情景：对于知识成熟度低，且学员成熟度也低的学习情景，可以通过引进外部专家面授课程和内部研讨来完成学习，可主要采用专家分享、研讨式学习和复盘等学习形式。例如，某企业针对外部市场尚无优秀经验做法的新技术内容，在目前学员的成熟度也比较低的状态下，果断引进外部专家进行理论和趋势分享，然后组织内部绩优员工针对痛点问题进行集中讨论，并且剖解已有的成功案例，从中寻找到企业自己的思路或者做法，这个时候采用的就是内部研讨和复盘的形式。

转化情景：对于知识成熟度高，但学员成熟度低的学习情景，可以采用外部引进面授、面授后内部转培、在岗训练等学习形式。例如某企业针对新员工的入职培训，学习内容很齐全，沉淀时间也很长，但学员刚进入公司，属于成熟度比较低的状态，这个时候就可以更多地安排面授培训、岗位训练、师徒制等学习形式。

四种学习情景只是一种简单的划分，但学员和学习项目本身都是复杂的，这种复杂性就决定了任何单一的学习形式并不足以满足学习项目的需要。绝大多数学习项目都是采用两种或两种以上的学习形式进行混合设计，以期更好地达到学习目标（见图3-4）。

能力要求	培养模块	知	行	促
		集中授课	情景演练	氛围营造
党性修养 对党忠诚 勇于创新 治企有方 清正廉洁	**炼修为** 党性提升（1天）	"红色电信史与红色电信精神" "马克思主义的立场、观点和方法"	工作场景的真实模拟 重难点课题的集体研讨 学习内容的后期落地计划	• 定制化项目logo • 全过程积分管控 • 项目logo衍生品设计 • 随堂学习测试 • 优秀学员小组评选 • 结业视频制作 • 全场地海报覆盖
责任担当 正直诚信 勇担责任 客户第一 理想激情	**提格局** 思维转变（2天）	"成为领导者" "高效能人士的七个习惯" "管好钱当好家"		
管理认知 授权指导 团队协作 胸怀大局 全力以赴	**促融合** 团队融入（3天）	"绩效设计与辅导" "跨部门沟通协作与问题"解决		

图3-4　某企业中高层管理人员学习项目设计视图

常用的学习形式

1. 面授形式

面授是最传统的学习形式。一般是指主办方将学员组织在一起，邀请老师进行面对面授课来完成整个学习活动。面授的优势是所有学员可以同一时间进行集中性学习，便于现场研讨和互动交流，也便于老师根据学员现场的学习状态调整学习内容和学习难度；劣势是组织协调难度较大、组织成本高，工学矛盾也较大。近几年，随着线上学习工具的成熟度不断提高，很多组织将面授培训和线上学习相混合，特别是将理论类知识全部转移到线上进行提前学习，面授现场主要聚焦实操类知识的应用和辅导，这种形式取得了不错的效果。

2. 在线学习

在线学习是指主办方运用网络化学习工具和手段，将学习内容提前录制和剪辑好，整理成对应的学习主题并利用互联网平台发布，学员通过相关终端设备进行学习的学习形式。例如某企业的新入职员工培训，将企业发展史、企业文化、企业产品知识等应知应会的内容提前录制成微课，让新员工在入职前通过手机终端进行自主学习。入职一周后安排对应内容的测试，通过测试发现新员工的共性知识差距，然后再设计针对性的线下补充学习，这样新员工培训的组织难度大幅降低，但学习效率却得到极大提升。在线学习的优势是组织成本低、工学矛盾小，协调难度也较低，可以批量体系化地设计和安排；劣势是因为无法监控到学员的具体学习行为（甚至是否学员本人在学习都无法确定），所以给学习结果评估带来了较大挑战，有时候也会让学习发展顾问产生某种恍惚感，总感觉学习项目始终没有落地。

3. 翻转课堂

翻转课堂是指在线下学习开始前，主办方将相关的学习内容以音视频的形式进行下发，由学员自主安排时间完成学习任务，后期授课老师将不再占用线下课堂时间来讲授具体知识点，线下课堂会变成授课老师和学员之间以及学员与学员之间交流链接的场所，包括答疑解惑、合作探究、制订计划等。例如国内某知名学习社群，每次认证学习开始前一个月，组织方通过翻转课堂将课程学习任务和相关素材发送给学员，并安排辅导老师督促学员完成学习任务。认证面授现场则成了老师和学员的线下聚会，主要是分享交流、拓宽关系、建立连接。翻转课堂的优势是学习形式灵活，可以兼顾工学矛盾和学员自主性等问题；劣势是对于学员的学习成熟度和自主性要求较高，对于所学知识的普适性、基础性要求也较高。

4. 岗位实操

岗位实操是指通过建立工作岗位的仿真实操环境，让学员身临其境地进行学习内容的操作模拟和练习的学习形式。成人学习与发展遵循的

"721"法则告诉我们，成人发展70%来自工作岗位实操，20%来自人际互动交流，10%来自正式的课堂学习和阅读。大量的研究及实践均表明，岗位实操是最有效的员工发展手段。在岗位实操形式的学习中，老师和学员互动多，学员动手能力强，例如软件开发类、安装维护类学习内容等。

例如某公司组织的研发工程师云平台开发能力提升项目，学员通过虚拟云平台开发软件，在授课老师的带领下完成仿真平台的开发任务，并配以老师的现场指导和纠偏。岗位实操的优势是全情景模拟工作任务的真实状况，学习场景紧贴工作需要，学员沉浸度高，学习结果转化质量高；劣势是学习环境的软硬件要求高，单次的个性化设备采购投入较大，不太适宜小众化的学习需求。

5. 专家分享

专家分享是指对于前沿趋势性和需要长期沉淀的学习内容，通过邀请外部行业专家分享的形式进行学习。专家分享可采用线上形式、线下形式或者线上线下相结合等。它的优势是聚焦前沿知识和行业趋势，有广度、有沉淀深度，可帮助学员开阔视野、提升格局；劣势是和学员的当前具体工作环境和工作难点距离较远，难以解决学员当前具体的业务问题。

6. 研讨式学习

研讨式学习是指根据企业当前业务发展的实际需要，由公司管理层设定某些业务主题，学员自行组建团队，按照"明确问题—分析问题—解决问题"的思路，激发集体智慧，获得解决方案，并制订计划落实方案的学习形式。按照往常习惯，研讨式学习主要分为问题分析和计划制订两个环节，每个环节有规定动作（见表3-12）。

表 3-12 研讨式学习的规定动作

	问题分析环节	计划制订环节
规定动作	主题分解 问题重构 目标确定 路径探索	方法讨论 策略分析 计划制订 资源协同

例如，下面是我们在某个学习项目中确定的研讨式学习主题：

- 第三季度××产品开发周期从图稿设计到售卖的时间缩短25%。
- ××分公司当月会员收入贡献占比提升15%。
- 本季度××电商渠道交货周期缩短至7天。
- 三月份，××基地3条试点生产线的生产效率提升12%。

7. 经验萃取

经验萃取是将绩优个体的优秀经验总结提炼，复制给更多人的一种学习形式。稻盛和夫曾经说过，你最应该学习的人其实就在你的身边。经验萃取理论强调，人人皆可为专家。对于外部市场缺乏的优秀经验和做法，企业可以通过筛选内部绩优员工，以经验萃取的形式进行共创学习，最终输出一套自有课程或者案例。例如某企业对于能源管理的学习需求，该学习内容范围非常窄，难以从外部找到合适的授课师资，这个时候他们想到了经验萃取。在内部筛选能源管理岗位上的绩优员工，通过萃取和复制他们的优秀做法，最终形成一套企业自有的能源管理课程体系。经验萃取的优势是向内要效益，学习成本低，产出成果贴合企业实际，可内部重复应用，是非常受组织欢迎的学习形式；劣势是对于内部绩优员工的要求较高，需要组织匹配一定的激励机制，鼓励更多的人主动参与进来。

8. 课程开发

课程开发以经验萃取为基础，以课程的形式对萃取结果进行包装。目前，大部分企业都组建有内部讲师团队，课程开发也是内部讲师团队的核心职责之一。通过内部讲师来开发具有企业特色的课程，并进行内部转训是众多企业员工学习的重要形式。例如，某企业通过内部讲师开发出一整套售前挖掘、售中支撑和售后服务的标准化课程，并定期针对前端销售类岗位员工进行技能培训，两年下来，企业销售额增加了26%，客户满意度提升了30%。课程开发的优势是课程内容来自业务一线，可以直接支撑企业具体业务的开展；劣势是一线的大部分员工并不具有课程开发的素质和能力，大部分属于"茶壶倒饺子——有嘴说不出"的状态，需要内训师或者萃取师配合他们完成经验的整理和输出，时间成本较高。

9. 案例学习

案例学习是指系统地学习内外部的优秀案例的一种学习形式。这里的案例既包括绩优员工的优秀案例，也包括行业内外部的优秀或失败案例。案例学习形式新颖，灵活度高，学习氛围好且学员学习热情高；相对应的劣势是对于案例的质量要求很高，毕竟并不是任何一个案例都适合拿过来进行案例学习。同时，案例学习对于学习组织者的控场和引导能力要求较高，否则容易偏离主题。

10. 自主学习

自主学习是学员掌控程度最高、最为灵活的一种学习形式。当前学习渠道越来越广，学习内容的类别也越来越多，与此同时，组织对于员工的能力要求也越来越高，员工需要学习的内容量成倍增加，自学成为诸多组织和学员能力提升的首选学习形式。自学包含了听书、读书、抄书、输出学习心得、践行操练等各种具体形式。虽然自学的灵活性高，但它对于学员的学习能力、学习韧性、学习自律等要求更高，且由于个人的自学能力和个人认知程度的差异，往往相同的学习内容会带来截然不同的学习结果。

自学的形式不同，具体操作方法也有差异，带来的学习结果往往差异也较大。在此主要阐释听书、输出学习心得和践行操练三种主要的形式。

（1）听书是知识付费时代最为新潮的自学形式。特定群体的老师将具体的知识进行系统提炼和浓缩，并录制为音视频资料，借助相关的学习平台进行发布，学员注册为平台会员后收听学习。听书是目前最为便捷的自学形式，往往半小时就可以学习到一本书的精华，但学习的结果易受到授课老师个人专业性和认知水平的限制，长期听书得到的知识也具有一定的片面性。长期依赖听书学习，容易造成学员自我深度思考的惰性。

（2）输出学习心得是学员强化自我学习效果的重要方式。关于学习的心理学研究显示，单纯的内容输入并不能带来个人的真正改变，凡是学习均应是输入和输出相结合的过程。输出学习心得包括输出金句、输出思维导图、输出学习体会、输出行动计划等不同内容，不同输出内容也有学习深度上的差异。输出金句更多在摘抄名言，思考稍浅一些，而输出行动计划则需要学员深度理解学习内容的精华，并结合自身工作实际。

（3）践行操练是自我学习的最高形式，也是自学效果最为明显的形式。学习的目的是践行，我们鼓励学员的所有学习行为都应该制订具体的践行计划和操练安排。例如，自学了"结构性思维"和"公文写作"的课程，学员可以将每月写两篇公文和一篇报告作为自己的实践操练计划，并在训练中持续加深对于学习内容的理解和认识。

设计学习转化

什么是学习结果转化

学习结果转化是指通过学习形式及课程资源的系统化运用，使学习的内容最终转化为学员的操作技能和行为方式，实现员工能力的真正提升。

学习结果转化问题是目前所有企业都深感困惑的问题之一。一方面，日益激烈的竞争和日新月异的技术进步迫使企业必须加大对员工的培训投入；另一方面，培训投入产出率无法准确衡量，影响了企业对于培训持续投入的热情。有关培训效果的研究表明，一般情况下，训后得到转化的培训内容仅占所有培训内容的10%～20%，也就是说80%～90%的培训内容其实是被浪费了的。这对任何一个面临激烈竞争和追求高效率的企业来说都是无法容忍的。如何在设法降低企业培训成本的同时促进培训内容的高效转化，就成了企业迫切关注的课题。

学习结果转化的影响因素

（1）学员。学员是学习项目的主体，也是学习结果转化的主体，他们自身学习和应用知识的主动性直接决定了学习结果转化的可能和效果。学习结果转化需要从确定参训人选时进行考虑，优先选择那些知识储备较为丰富、学习意愿强、学习能力强、年龄适中的员工参加学习项目，慎重选择那些平时工作任务较少、经常参加培训的"培训专业户"参加学习项目。

（2）学习内容。学习内容是学习转化的核心，直接影响到学习结果的转化质量。在学习项目设计中，学习内容要尽可能和学员的工作场景紧密相连；学习内容要尽可能提供明确的操作手册或者应用表单，方便学员在工作实践中应用；学习内容也要尽可能难易度适中，便于学员吸收沉淀，转化应用。

（3）转化机制。对于学习结果转化，企业可以营造和建立鼓励分享、鼓励应用实践的氛围和机制；通过相关的办法明确学习转化的职责定位，如人力资源部门负责一级和二级转化，业务部门负责三级和四级转化等；对学习结果转化带来重大成果的，企业可以给予重奖，鼓励应用创新，宽容失败。

学习结果转化的三个阶段

借鉴柯氏四级评估中对于学习结果评估层次的分类，我们将学习结果转化分为三个不同的阶段，分别是认知转化阶段、行为转化阶段和结果转化阶段（见表 3-13）。

表 3-13　学习结果转化三阶段

	认知转化阶段	行为转化阶段	结果转化阶段
转化场所	学习现场	工作环境中	工作环境中
负责主体	学习发展顾问为主，所在部门为辅	所在部门为主，学习发展顾问为辅	所在部门为主，学习发展顾问为辅
转化方式	知识点测试 课堂练习 课堂分享 撰写心得 汇报学习成果 制订行动计划	落实行动计划 学习内容转训 不定期抽查 随机抽查	学习内容内化（如萃取内部案例、优化内部流程、制作内部工具表单等）
对应的柯氏四级评估	反应层+学习层	行为层	结果层
需要的支持	清晰明确的知识点和操作要求	跟踪督导+导师教练	完善的转化激励机制

认知转化阶段是学习结果转化的初级阶段，主要是指学员通过学习对相关知识内容本身产生的了解、理解、记忆和浅层应用等，停留在"知"的层面。该阶段转化要求较低，难度相对较小。例如，在学习项目中通过课堂练习、现场上台演练、课堂分享、随堂测试等形式实现学习内容的转化。这个阶段的转化主要由项目组织者（学习发展顾问）来负责，所在部门协助，需要学习内容具有相对明确的知识点和操作要求。

行为转化阶段是学习结果转化最为困难的阶段，主要是指学员通过制订和落实相应的训后行动计划，将所学内容真正应用到具体工作中，解决问题、创造价值。该阶段转化要求较高，难度最大。例如，某客户经理商机挖掘训练营学习项目结束后，客户经理需要将所学内容转化为具体的行动计划，并落实到具体拜访客户的过程中。这种学习转化必须由学员所在部门来负责，人力资源部门协助，并且要配备一定的跟踪督导和导师机制给予支持。

结果转化阶段是学习结果转化的最高阶段，主要是指学员通过应用所学内容后，能够将所学知识内化为组织自有的案例、流程和工具表单等。此阶段转化要求最高，但难度并不大，属于第二阶段后水到渠成的动作。例如，如果前例中的客户经理真正将项目所学内容应用到了具体的客户拜访和成单过程中，并且最终取得了不错的业绩，那这个应用所学内容达成绩效结果的过程本身就是组织的宝贵财富，也是结果转化阶段我们希望得到的东西。我们可以将他的成功做法萃取形成优秀案例库，也可以由他牵头开发基于公司某个客户群体的需求挖掘内部课程，还可以由他牵头来对公司客户拜访和成单的流程进行改进和优化，或者最终形成基于企业实际的客户需求挖掘表单工具等。这个阶段的转化由所在部门主导，学习发展顾问跟进支持，也需要企业配备完备的转化激励机制，鼓励更多的优秀学员把自己的经验转化为组织智慧。表3-14对学习结果转化三阶段从转化难度、转化深度、转化影响三个方面进行了对比。

表3-14 学习结果转化三阶段总结

	认知转化阶段	行为转化阶段	结果转化阶段
转化难度	低	高	中
转化深度	浅	深	深
转化影响	短期	中期	长期

常用的学习结果转化方法

以下几种学习结果转化方法比较常用。

（1）随堂测试：指以当天所学内容为核心，通过设计相对应的测试试题（题量可大可小），利用线下或者线上方式进行的随堂考试，主要考察学员对于授课内容中重要知识点的掌握程度，帮助学员加深对于核心学习内容的理解和记忆。

（2）课堂分享：通过在学习项目中设计特定分享环节，要求学员结合所学内容联系自身工作，分享自己的学习心得。例如，在某营销经理表达能力提升训练营中，我们在每节课开始前五分钟设计了专门的"我有话说"分享环节，随机抽取两名学员进行学习收获的分享，要求必须做到三个结合，即结合工作实际、结合学习内容、结合公司战略，取得了不错的效果。

（3）撰写心得：指要求学员在学习结束后一段时间（一般是一周）内，提交一篇个人学习心得，心得内容要涵盖课堂学习感受、关键知识点和后期落地计划等。例如某高层管理人员党性教育提升项目，在学习结束后要求所有学员在一周内提交一篇不少于1500字的学习心得，需要结合所学党建知识、国家政策、行业趋势和自身工作实际来完成，严禁抄袭。

（4）实战演练：指以学员真实的工作场景为依托，以场景中的关键工作流程和操作规范为重点，采用上机操作或者一对一演练的方式，从具体维度进行考核评价。例如，某银行在针对新入职柜台人员的学习项目结束后，以柜台操作流程和柜面服务为重点，采用一对一（老师扮演客户、模拟客户办理各类业务）的考核方式，从"服务用语、服务行为、规范操作、风险点控制、操作步骤、操作技能"等方面进行学习评估，以促进学习结果转化，提升学员柜面服务的规范性、专业性和熟练程度。

（5）不定期抽查：指在具体工作环境中，由专人对学习内容进行不固定时间、不固定场所的随机抽查，主要考察学员对于学习内容的长时记忆和应用水平。任何知识都是常用常新、常用常进的，例如某银行对于参加过合规培训的学员，通过不定期不定时的抽查方式帮助他们牢记合规管理的相关要求，养成合规管理的工作习惯和行为模式。

（6）制订行动计划：指通过在课堂上制订课后行动计划的方式来促进学习结果的转化。例如，在某关键人才的营销能力提升项目中，我们分三个阶段进行学习设计，第一阶段安排基础知识和技巧赋能，制订第二阶段六个月的行动计划；第二阶段要求所有学员按照区域进行组队营销实战，落实第一阶段的行动计划，同时，项目团队和专家教练以两周为单位跟进支撑，确保行动计划顺利推进；第三阶段就是项目总结，对前期赋能和行动计划的落地进行萃取，复盘优秀做法，沉淀优秀经验。

（7）学习内容转训：指学员通过内部转训的形式来实现学习结果的转化。例如，某公司要求参加外训的学员回到公司后必须完成对应时长的转训，才可以报销相关费用。但我们必须提醒的是，并不是所有课程都适合内部转训，领导力或者职业素养类课程更适宜转训，但操作类的课程，对于非本岗位的员工来说转训的意义并不大。

（8）学习内容内化：这是学习结果转化的最高形式，指学员将学习内容转化为岗位上的工作流程、工具和方法等，以更好地提升岗位管理或者业务水平。例如，某企业基层班组长 6S 培训结束后一个月内，学员内部研讨优化企业现有生产管理 6S 规范，制定企业规范生产管理的相关文件。

遴选学习师资

师资与学习项目的关系

授课师资是学习内容的传授者、学习问题的答疑者、学习课堂的掌控者。好的授课师资是学习项目成功的保证，直接关系到整个学习项目的成败。对于学习发展顾问来说，尽可能为学习项目匹配到合适的老师是其核心能力之一。我们认为，合适永远是学习师资选择的第一原则。任何一个老师，无论多么知名或者优秀，只要他的授课内容和学习目标不相符，都是不可以选用的；相反，如果符合学习目标的授课师资比较紧缺，退而求其次，适当降低师资知名度也未尝不可，这一切都取决于授课师资是否能够服务于学习目标的达成。

授课师资是决定学习项目成败的关键要素，但绝不是唯一要素。对于学习发展顾问来说，千万不能有"我找到了老师就完成了学习项目设计"的想法。学习项目设计是非常复杂的系统工程，需要多种要素综合作用才可以达成最终的效果。授课师资和学习项目的关系类似于部分和整体的关系，师资虽然只负责学习项目中内容的部分，但却会对整个项目产生决定性影响。

内外部师资优劣势对比分析

在过去很多年，企业学习项目特别喜欢使用外部讲师资源。原因是希望通过外部讲师可以更多地借鉴外部优秀企业的管理运营经验，"以外脑助力内部改进"，因此社会上也就出现了一批专业化的师资经纪公司和自由讲师。

但随着数字化和行业竞争的加剧，学习项目必须服务企业业务发展的诉求越来越强烈。外部师资擅长的标准化、通用课程难以满足企业个性化、紧密服务业务发展的需要，特别是外部师资对于行业和业务场景的陌生性，使得他们讲述的内容无法真正融入学员的工作场景。"懂行业、懂业务、懂学员"成为企业学习项目师资选择的新标准，而从现实来看，仅有企业内部师资能达到前述的"三懂"要求。通过外部讲师与企业内部讲师之间的对比分析可以看出（见表3-15）。

表 3-15　内外部师资对比分析

对比维度	外部讲师	内部讲师
单一领域课程的专业度	高	低
授课技巧	高	低
授课优秀案例	跨行业案例丰富，数量多	聚焦本行业，数量较多
授课内容特点	偏向跨行业共性知识传授	聚焦本行业特性知识传授
时间可及性	需要提前沟通，提前预约	基本可随时调动
沟通成本	高	低
综合性价比	低	高

师资选择的关注点和建议

培训师资采购是基于人和人之间的高度信任的沟通和合作，是学习发展顾问借助外部专业人士的力量提升项目质量的关键举措。专业人士能创造专业价值，专业价值必须和企业实际需求相符合，因此企业和供应商都需保持一定的专业度，对有关学习项目目标的制定、项目实施过程的管控、项目结果的评估，理应由双方共同讨论形成最终的答案。

外部供应商遴选的总体思路建议是：以学员为中心，以解决实际问题为出发点，结合企业需求、学员现状、成本预算、期望回报等多个角度综合考量，做出科学合理的决策。

1. 挑选课程供应商的六个关注点

（1）供应商讲师团队的理论知识及实践水平。尤其是要具备大量实战经验。

（2）供应商的团队专业性。优秀供应商不仅具有配备完整的团队人员，而且项目运营团队的服务能力、服务质量和沟通配合度也都值得信赖。

（3）供应商的行业经验和口碑。优秀供应商应该在所处行业具有10年以上的沉淀和积累，发展稳定，且拥有一批优秀的项目实践案例，最好拥有自己的版权课程。

（4）供应商客户经理的专业能力。主要包括需求理解能力、产品匹配能力、方案定制能力、综合性价比、服务水平及其他相关专业能力（如响应速度、专属客服等）。

（5）供应商的行业专注度。优秀的供应商一般会专注于某1～3个特定方向或特定的解决方案，比如专注某类品牌课程、某种具体学习技术等。

（6）持续的行业研究。优秀的供应商一般都有自己的行业研究团队，能始终保持对客户的业务理解、新技术发展和新市场的洞察等，并且愿意投入成本对企业和行业进行深入研究，以满足实际工作的需要，这样所提供的项目思路、设计理念、解决方案才能保持不断创新和迭代。

有必要给出的建议：学习发展顾问千万不要在各种供应商中进行眼花缭乱的挑选，最好聚焦年度学习项目目标，专注几个固定的供应商，进行长期的战略性合作，这样可以极大地降低沟通损耗和成本，提升沟通效率。

2. 师资匹配方面的建议

如何筛选供应商推荐的师资也是大有学问的事情，我们建议结合师资来源、讲师稀缺性、讲师的风格和开放性等角度去思考。

（1）师资来源：现有供应商的师资主要分为学院派和实战派两类，前者多数来源于高校，他们研究功底深厚，对行业内的前沿知识了解较多，缺点是很少真正接触企业生产实际，特别是对于前沿技术在企业中的应用了解较少，对应用中存在的问题和针对性解决方案了解得较少。实战派老师专注于某一领域，往往是从具体工作实践中总结提炼出对应的方法论，具备实操性和应用性，可以独立形成自己的一套方法论体系。

（2）讲师稀缺性：主要是指讲师的从业背景、服务客户、专业口碑、知识阅历与企业的实际吻合度等，例如，对于知名科技公司的产品经理培训，最好能够通过筛选找到符合以下条件的讲师，即"有过互联网从业背景甚至行业背景，服务过知名互联网公司，过去客户评价较好，本人是一名资深产品经理或者专家出身，同时对该企业所在行业有深入研究和积累"。

（3）讲师的风格：相同的内容由不同的讲师讲授，效果可能大相径庭，讲师的风格是其中一个关键的影响因素。例如，有些讲师喜欢启发学员自己去得出答案，而有些讲师则喜欢开门见山地直接给出问题答案。风格本身并没有对错，区别在于这种风格是否适合企业的文化和学员的学习偏好。另外，讲师的风格也会体现在讲师的亲和力、授课表现力、价值观念等方面。

（4）讲师的开放性：讲师的开放性决定了讲师对于授课角色的认知。有些讲师认为自己很专业，他作为专家的角色来传道授业解惑，学员就应该尊重自己、听自己的；有些讲师则认为自己只是引导者的角色，是带领学员去剖析问题得出可能解决方案的人，自己并不能够给学员符合他们要求的答案，这样的讲师能够接受不同的声音和建议，能够保持教学相长。

（5）至少三次沟通：为促进外训师资对学习项目的了解，建议学习发展顾问和外训师资之间至少沟通三次。第一次重点沟通项目背景、学习目标，介绍学员的情况，了解外训师资的专长背景，这次沟通建议邀请相关上级参加，提前锁定"眼缘"；第二次沟通主要是课程大纲、授课环节设计，可以把前期收集的项目需求发给外训师资，有助于其全面了解当前的业务现状和学员需求；第三次沟通主要是授课课件初稿沟通，并检视授课内容各环节设计的合理性、需要准备的各种辅助教具等，必要时再做微调。

3. 内部师资培养是企业学习内容建设的趋势

随着企业外部竞争的持续激烈，数字化手段在不断增强学习项目服务组织业务增长的能力。学习发展顾问必须意识到，在服务组织绩效改进方面，简单地依靠外部供应商提供合适师资的模式正在变得越来越低效。原有的领导力、新员工、基础素养类等课程或许还可以继续依靠外部优秀师资，但只要是关联到业务痛点的学习项目，合适的外部师资凤毛麟角，此时有两个思路可供参考。

（1）建设组织内部绩效改进师队伍。通过引进外部标准化的绩效改进认证课程，培养一批企业内部的绩效改进顾问，以后凡是关系到具体业务问题的学习项目，可以组织内部顾问以微咨询的方式进行调研和实施。将组织绩效改进的任务交给专业团队来负责，由学习发展顾问提供支持和辅导，可以极大地缓解人力资源部门支撑业务的压力。

（2）加强内部培训师队伍的建设。在无法更好地从外部获得优秀师资和解决方案的必然趋势下，向内寻找业务答案成为组织的必由之路。当前，各类型组织都具有一定数量的内训师，大部分也都接受过TTT的基础知识培训，但如何更好地发挥内训师价值，让他们真正在组织业务问题上发挥作用？可以尝试为内训师引进外部专业化的学习方法和技术，例如引导技术、萃取技术、课程开发技术等，帮助他们提升服务业务发展的能力。

小结

策划学习内容，匹配改进需求，输出"学习项目学习内容设计表"。

学习目标	学习主题	学习内容	学习形式	学习结果转化			师资匹配
				认知转化	行为转化	结果转化	
		学习内容1					内部： 外部：
		学习内容2					内部： 外部：
		学习内容3					内部： 外部：
		学习内容4					内部： 外部：
		学习内容5					内部： 外部：
		学习内容6					内部： 外部：
		学习内容7					内部： 外部：
		学习内容8					内部： 外部：
		学习内容9					内部： 外部：

Learning project design
complete practice

第 4 章
重视体验活动，促进学习发生

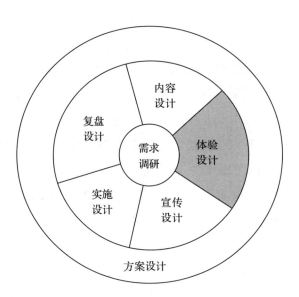

如果让你回忆曾经参加过的一次记忆最为深刻的学习经历，你会想到什么？一项有趣的实验表明，真正让学员产生长久记忆的并不是培训内容本身，而是传达这些内容的方式和培训中的那些特色活动，比如学习项目中的 15 公里徒步、团队熬夜完成的课题汇报作业等。学员虽然无法明确说出这些方式或活动是什么，但是他们确定老师们一定在学习中做了"手脚"。实际上，这些老师都做了同一件事，即高度重视学员学习体验，它是学习项目的重要组成部分。

为什么要重视学习体验

学习体验深度影响学习的发生

"到底什么是经验萃取？""为什么要做经验萃取？""老师啥都没讲，就给了我们几步法和作业模板让我们来做作业，我们的脑袋都是懵的！"这是在某个基层管理者赋能学习项目中，学员对于经验萃取环节的直接反馈。

一般的经验萃取项目都是以工作坊的形式进行的，授课老师兼任辅导老师，按照经验萃取的步骤和工具，边授课边辅导，学员也是边学习边实践，所以经验萃取工作坊的时间安排都是按两天计。在这个学习项目中，主办方希望我们设计一天的经验萃取内容，要求是学员不仅要有产出，还要在课程结束前一小时，做最后的萃取成果汇报。

为尽可能满足主办方对于萃取的要求，项目团队和授课老师反复沟通，将课程讲授时间压缩为一小时，且主要以讲授核心工具为主，剩余时间进行萃取课题辅导。与此同时，聚焦最终产出，增加多位辅导老师，提升课题辅导的深度。但在具体实践中，还是出现了以上问题。经过反思我们发现，我们的项目设计聚焦了主办方想要的结果，却忽视了学员的真实感受，特别是像组织经验萃取这种内容，没有前期大量的"松土"和"播种"环节，直接生硬进入萃取的"收获"环节，很难真正调动学员的积极性和主动性去贡献经验，难怪大家会有抱怨。

无独有偶，我们在某新员工入职培训项目中也经历了类似的曲折。该项目集中培训长达十五天，为了让学员们劳逸结合，项目团队在培训日程中安排了气排球比赛，并将比赛结果纳入小组参训积分。学员现场参赛热情很高，比赛十分精彩，项目团队本以为这个活动已经圆满结束，但是在统计小组积分的时候，未获胜小组质疑气排球奖励积分的分值大小，获胜小组面对质疑也同样不满，一时间学员负面情绪严重，甚至直接影响到课堂的学习氛围。虽然事件最终得到妥善解决，学员心态得以正向调整，课堂学习氛围恢复正常，但是这次事件也引起我们对项目活动细节设计的深度思考。

我们相信这类插曲对很多学习发展顾问来说不算少见。从中我们不难看出，学员的学习感受以及由此形成的认知，即我们所说的学习体验，直接影响学员学习时的心理状态和行为表现，从而对学习是否真的发生产生影响。在第1章关于学习是什么的探讨中，我们引用了克努兹教授的全视角学习理论的定义，即学习是发生于生命有机体中的所有导向持久性能力改变的过程，这个过程包含了互动和获得两个子过程。学习体验既包含在这两个子过程之中，又对两个子过程产生反作用力。

学习体验没有最好只有更好

打造良好的学习体验不是一件容易的事情，甚至可以说是项无止境的工作。课程设计和积分分值等细节都会对学员的学习体验产生直接影响，除此之外，我们还遇到过北方学员吃不惯南方早餐导致学员饿着肚子上课、茶水间热水供应不及时引发学员不满等情况。这些经历让我们明白，在一个学习项目中，任何同学员衣食住行学相关的细节都可能影响他们的学习体验，且不同的学员还可能关注不同的细节。因此我们不禁感叹，对于学员来说学习体验没有最好只有更好。

让我们如此感叹的另外一个原因是，无论多么精巧的体验设计都有一个保鲜期。2020年上半年，受新冠疫情影响，企业线下培训基本上都转到线上进行。往常组织线下培训的时候，我们通常会在学员报到当晚安排团建活动，一方面借由活动起到破冰的效果，增进学员彼此感情，另一方面借此机会对学习项目进行整体介绍，管理好学员对培训的预期和要求。从线下转到线上后，虽然也能够安排线上的团建活动，但是从实际项目效果来看，线上明显弱于线下。为了提高学员在项目开始前的学习体验，我们新增了很多体验设计，其中一项是为每一位参训学员设计定制化的专属入学通知书，并以点对点的方式发送到人。此举得到了学员极大的好评，这样的贴心设计让学员倍感温暖。但是当学员在后面的每次培训中都接收到入学通知书的时候，这种温暖也就降温了，逐渐成为习以为常的事情。更糟糕的情况是，因为便捷化和高性价比，企业线上学习逐渐出现了泛滥的情况，部分员工甚至将入学通知书视同定时炸弹。这种原本能带来良好学习体验的设计变成带来糟糕体验的情况就是过了保鲜期的一种表现。

除此之外，随着人们生活水平的日益提高，各项科学技术在日常生活中得以广泛运用，特别是自媒体行业的蓬勃发展，不仅让学员变得见多识广，也调高了人们感官刺激的期待，就好比一顿米其林大餐，它对于普通人的味蕾刺激程度和对米其林大师的味蕾刺激程度截然不同。这种改变对学习项目设计者来说是个不小的挑战，它要求设计者们必须更了解这个时代学员的心理需求，具备更敏锐的观察能力、思考能力以及饱含激情的创造力。

打造学习体验的三个原则

从项目目标出发

如前所述，学习项目所追求的价值在于在同等时间内最大限度地缩短员工岗位胜任力现状和期望之间的差距,进而促进学员绩效水平的提高。这是所有学习项目的共同目标,具体到某一个学习项目则会有更为细化的项目目标,例如一个针对中高层管理者的学习项目,其项目目标可能包含提高管理者对领导力的认知水平、领导他人达成业务发展目标的能力;针对党务工作者的学习项目,其项目目标可能是提高党务工作人员的党性修养和党务工作的实操能力;针对内训师团队的学习项目,其项目目标可能是提高内训师课程开发和课堂讲授技能等。学习体验是学习项目的重要组成部分,也必然首要服务于项目目标。

在我们多年的项目实践中就有过这样的教训。某企业正处于高速发展期,企业生产规模日益扩大,现有人员已经无法满足生产需要,急需扩大现有员工队伍。在此背景下公司人力资源部组织新进员工开展入职培训,并设置两个项目目标:第一,帮助新员工快速了解企业文化、规章制度和组织架构,促使新员工快速融入企业;第二,帮助新员工熟知岗位应知应会知识和技能,提高新员工岗位胜任力。我们作为学习项目承办方参与其中,经同该公司人力资源部沟通,我们了解到,为了保证新员工参训期间的人身安全,公司领导要求此次学习项目采用全封闭式管理。整个培训期间尽量不留让新员工自行活动的时间,尽可能所有时间都安排学习任务。围绕以上要求,我们将培训日程安排得非常满,除了正常的课程学习之外,在早起和晚上时间也安排了晨练、室内活动和户外拓展等,主办方对整个学习安排非常满意,我们自己也被自己所"感动",认为这个项目应该能够顺利交付。

事与愿违来得那么快又那么直接。培训开始第二天就有学员找学习助理理论:"每天晚上各种学习和作业要弄到接近11点,睡觉都12点多了,还要早上六点半去操场晨练,这大冬天的,天气这么冷,我们到底是来学习的还是来受折磨的?"学习助理也很委屈,因为自己的作息时间和学员是完全同步的,但也只能安抚说:"工作以后可能比这还辛苦,大家要从此刻开始转变身份,从校园走入职场。"此话一出,立马就有学员质问:"我们参加培训是为了更了解企业,学习岗位相关的专业知识和技能的,晚上学习再累我们也都认了,非要早起跑步吗?难道折腾员工是公司的企业文化吗?"顿时许多学员随声附和,场面一度有点失控。

经过项目团队内部及时商议,并报主办方同意,最终取消晨练安排。在项目结束后,项目团队认真反思问题到底出在哪里。最终,我们发现"晨练"这个设计满足的是管理目标,即保证学员不外出,而不是服务于项目目标。对学员而言,学习对他们的价值和项目目标是一致的,除此之外的安排都需要他们花费额外的时间和精力来应对,他们感觉"被折腾"则在情理之中。

那是不是晨练就不能安排在学习项目中呢?并不是,如果该学习项目的项目目标中有一条:以培训作为一种考察手段,淘汰部分服从性差、缺乏吃苦耐劳精神的学员,那么"晨练"这个设计则是可行的。这次教训让我们收获两个重要的经验,第一是项目中所有的活动设计都需要服务于项目目标;第二是满足主办方管理目标的解决方式会有很多,项目团队要有针对性地进行对比选择。

以学员为中心

学习体验设计的第二个基本原则就是"以学员为中心"。如今的培训从业者对这六个字已经不再陌生,但它说起来容易做起来难,很多时候就变成了"我觉得你是什么""我觉得你想要什么"的猜想。结合克努兹教授全视角学习理论中关于学习情境分析的三个维度,我们认为要把"以学员为中心"落实到学习项目设计,以下内容需要重点考虑,特别是互动部分的内容(见图4-1)。

当然,图中罗列出来的内容仍受限于我们往常的经验,我们相信还有很多值得思考的内容可以持续迭代进来。当我们把以上内容了解清楚之后,在设计体验主题、交流话题和互动活动等细节时,才有可能真正做到游刃有余。

培训环境是否让学员感到舒适和放松？
学员之间是熟悉的还是陌生的？
学员是否均有参与互动的机会？
互动的形式能否满足不同气质学员的需求？
学习活动的目的是建立连接还是温故知新？
学员之前是否参与过该类型的学习活动？
此类学习活动是否符合当前学员的性格特征和学习规律？
这类学习活动是否会触犯到当前学员的行为禁区？
当前学习活动所需要的物资是否需要单独购买？
当前学习活动最后的结果是否需要学员反思或汇报？
……

学员已经掌握了哪些知识和技能？
学员当前迫切需要学习的内容是什么？
学员群体认知上有哪些共性？
学员当前的自我认知水平如何？
……

学员有没有参训需求？
若有需求，迫切程度如何？
学员对待学习的态度如何？
学员有哪些学习习惯？
学员参训是否特别耽误工作？
是否得到领导支持？
参训心态如何？
情绪状态如何？
……

图 4-1　"以学员为中心"的关注点

以关键节点为抓手

尽管打造良好的学习体验是项无止境的工作，学习体验没有最好只有更好，任何细节都能够影响学员的学习体验，但这并不意味着我们在一个学习项目中就需要将所有细节设计到位，事实上这几乎不太可能做到，我们应该把有限的精力和成本用在刀刃上，即那些真正影响学员体验和感知的关键节点。

利用项目的关键节点来打造学员的峰值体验。根据行为设计学理论，令人愉快的峰值体验大致包含以下四种情感，分别是欣喜、认知、荣耀和连接，而制造这些情感产生的最佳时机有三个：转变事件、里程碑事件和低谷事件。对一个学习项目而言，转变事件通常包含开营、结营、进入新的学习主题等事件；里程碑事件通常包含完成某个主题的学习任务、通关打卡、积分排名、成果展示等；低谷事件通常包含学习倦怠、排名落后、作业落后等。

利用关键节点来打造峰值体验，并不是一件多么高深且代价高昂的工作，它的核心在于能够充分理解这个关键节点在整个学习项目时间轴上存在的作用和价值，进而结合项目目标和学员情况进行细节设计。

2020年受某国企客户委托，我们承办其省级内训师队伍综合能力提升项目。该项目需历时21天，学员数量40人，全部选择线上形式开展，要求在项目结束时产出不低于20门精品内训课程。项目团队共为该学习项目设计5个学习主题，分别是经验萃取、课程开发、PPT课件制作、声音训练和课堂呈现。如前文所说，结束一个学习主题，进入新的学习主题，这个时刻属于转变事件。在这个时刻，我们选择这样的设计：首先由运营官和运营团队在社群中进行话术暖场，以形成一波互动，运营官在社群中回顾上一个学习主题的内容，并分享优秀学员的学习总结和心得，形成第二波点赞及群内互动。然后运营官通过话术过渡，投放上一个学习主题的个人英雄榜（见图4-2），以及对应的物质奖励，形成第三波小高潮。最后运营官在社群中投放下一个学习主题的专题海报，并邀请授课老师闪亮登场。老师登场的方式也是多样化的，有的通过发语音，有的选择发视频，有的则直接发红包。经过这一系列的操作，学员既复习了已学知识，又找到了榜样、收获了惊喜。下一个学习主题的授课老师也和学员发生连接，为后续授课打下感情基础。

图4-2 学习项目设计示例

学习活动是重塑学习体验的法宝

无论是激发和增强学员的学习动机，还是让学员更多地参与学习过程，学员都需要获得让这些事情发生的机会。我们认为学习项目中的各类学习活动就是这样的机会，它们是重塑学习体验的法宝。要特别澄清一点，我们这里说的学习活动是指除课堂教学之外的各类学习安排，不包含老师在课堂上设计的教学活动，那属于老师课程设计的一部分。

热身类活动

什么是热身类活动？热身类活动是指那些为辅助学习内容顺利开展而帮助学员在心智上做好准备的活动，典型的活动类型包括破冰团建、课前游戏等。

1. 破冰团建

在我们分享破冰团建的实践经验之前，有一个问题要事先做个探讨：所有的学习项目都需要安排破冰团建活动吗？我们认为答案是否定的。有些学习项目并不需要学员之间的交流，例如有些考前辅导培训项目，授课形式基本是老师全程串讲知识点，学员则以个体为单位听课、做笔记和做练习。学员在课堂上既不需要和老师有很多互动，也不需要和其他学员有任何交流。这类的学习项目就没有安排破冰团建的必要。当然，这类培训在企业中比较少见，大量的培训都要求老师和学员之间、学员和学员之间有频繁且深度的互动。除此之外，还有一种情况也需要慎重考虑，即如果参训学员平常工作中有大量的合作交流，彼此已经非常熟悉，这种情况可能也没必要单独花时间做破冰团建活动，最多为了便于课堂教学的需要，在课前完成内部分组、推选组长、确认组名和口号等工作。当然，假若该学习项目的项目目标是加强团队合作意识、提升团队凝聚力则另当别论。

除以上两种情况，我们这里讨论的破冰团建活动，主要适用于参训学员之间熟悉程度不高，同时又能在正式授课前划出 1 小时左右时间的培训情境。让我们设想这样两个场景。

场景一：今天上午 9 点，你如约参加一个学习项目，刚走到教室门口发现教室里已经坐满了人，他们都是来自全国各地的参训学员。你试图在人群找到一些熟悉的面孔，但发现大家都在低头玩手机，没有人在互相交流。环顾一周后，你很遗憾地发现，这里没有一个熟人，于是你随意选择了一个靠边的角落坐下，静静等待学习开始。

场景二：今天上午 9 点，你如约参加一个学习项目，刚走到教室门口发现教室里已经坐满了人，他们都是来自全国各地的参训学员。突然你发现张三也在这儿，你和他是在另一个学习项目中认识的。当时你们在同一个学习小组，交换过微信，偶尔还会在朋友圈互相点赞。你正准备和他打招呼，又发现了李四，也是之前认识的学习伙伴，他正巧坐在张三面前，两人此刻相谈甚欢，看来他们也是熟人。这时他们两个人都看见了你，笑着示意让你过去坐。

请问上述两个场景，哪一个场景更容易让你感觉到自在和放松？大部分人应该都会选择场景二。没错，我们往往在相对熟悉的人或事物面前更容易获得安全感。安全感是我们和他人发生连接的基础，而产生连接是发生深度互动的前提，这就是破冰团建的价值和目的。

既然破冰团建的目的是帮助学员增加安全感，促进连接的发生，那么我们在设计破冰团建活动的时候就要以此为出发点进行思考：如何增加学员的安全感？如何让学员之间发生连接？从心理学的角度来说，当人们在一个情境下越有确定感和控制感的时候，安全感就越高。安全感越高，发生连接的可能性就越大。

所谓确定感，即人们因"知道"而产生的感觉，例如，天黑让人们对周遭一无所知，从而产生对未知的恐惧，火把则让人们看清周围情况，有确定感，从而产生对已知的安全感。具体到破冰团建活动，我们就需要尽量去扩大学员"知道"的内容。以下实践经验或许可以为你所用。

（1）让学员知道学习目标、学习考核、日程安排等，其中日程最好可以具体到详细的时间点，学习考核尽量说明是否有奖惩规则，学习成果的考核形式、考核结果对学员的影响等。

（2）让学员知道项目中有哪些人。这里包括但不限于项目团队有哪些人，遇到什么样的问题可以通过哪些途径找哪些人解决；参训的学员有哪些人，在不涉及学员隐私的情况下，尽量说明这些学员如何称呼、来自哪里、从事什么工作、有哪些兴趣爱好等；授课老师有哪些，他们分别讲授什么课程，他们有哪些工作经历，精通哪些行业和领域等。

（3）让学员知道学习相关的服务有哪些，例如是否提供住宿、在哪里进餐、提供哪种发票、如何开票、如何获得停车券、外卖地址及附近药店等。

（4）让学员知道自己就某个学习主题的当前认知水平，例如面向管理层的管理能力提升培训，训前可以让学员通过测评等方式了解自己在管理理论上的认知情况。

除了以上这些内容之外，还可以让学员知道同学习主题相关的参考书籍有哪些，线上免费学习资源如何获取，线下有哪些同主题学习活动等。

所谓控制感，即人们因"掌控"而产生的感觉，例如，天气是下雨还是放晴，人们无法掌握，因此对此会有种无力感，而自己今天早餐吃热干面还是糊汤粉则完全可以由自己掌握，这种控制感也会带来安全感。具体到破冰团建活动，我们就需要多创造由学员"掌控"的机会，在各种细节中尝试去营造"It's up to you"的感觉。

例如，可以让学员决定和谁组成学习小组。这里要特别注意，若是完全让学员决定，则可能出现小组人数不均的情况。因此，这里说的"让学员决定"是需要有一定技巧性的，这里面的"小心机"很多。例如让学员抽签决定分组，更"套路"学员的做法是训前了解学员的基本情况，现场再根据基本情况让学员自由组织。有一次我们在收集参训学员信息的时候，发现各星座的人数竟然相差无几，于是我们在培训现场让学员根据星座分组，且每个小组不能有相同的星座。这种分组方式让大家倍感新奇，氛围一下子就热闹起来，星座也帮助大家打开了话匣子。这里的星座分组可以根据收集到的学员信息进行灵活调整，可以换成出生年代、工作性质、兴趣爱好等。

这里必须分享一个破冰团建的经典案例。

某公司省级内训师"活水计划"学习项目中，参训人数45人，来自全省17家分子公司，平均年龄34岁，本科学历8人，研究生学历17人。学员之间平日交流少，大部分人相互不认识且均没有接受过系统性TTT训练。该项目的学习目标共有三点：一是帮助内训师掌握敏捷课程开发的方法，以小组为单位进行指定课程内容的开发，数量不少于15门（3课时/门）；二是提升内训师课堂授课技能，安排试讲测评环节，试讲成绩纳入年度优秀省级内训师评选；三是搭建省级内训师沟通交流平台，加强互相学习和交流互鉴。

围绕学习目标，结合前期的调研数据和学员画像，我们设计的破冰团建活动包含两个部分，分别是训前线上破冰和报到当晚团建。训练营开始前一周，我们组建学员微信群，除设置群名、修改群昵称、要求群置顶等常规操作外，建群当天项目团队老师首次集体亮相。在线上破冰部分，首先由学习项目负责人进行自我介绍，并以语音＋图片的方式向学员介绍项目概况，接着团队老师逐一进行自我介绍，并热情地同学员打招呼，饱含对学员前来参训的期待；然后由学习助理按照示范给出学习期待，并邀请学员接龙，例如学习助理说："对于本次培训，我期待收获志同道合的朋友。"其他人则需要用"对于本次培训，我期待……"的句式说出自己的学习期待，例如"对于本次培训，我期待学习到课程开发的方法""对于本次培训，我期待提高自己的控场能力"等。接龙结束后，由学习助理做总结，介绍微信群的作用，以及从建群日到培训正式开始前，信息的发布时间、后期的线下学习安排等细节，供学员提前了解。接下来的几天，学习助理每日以早安打卡、倒计时海报、内训师趣事等内容吸引学员关注，同时将学习目标、日程安排、课程组队方式及责任担当、试讲流程和要求等逐步在群内公示，并对学员提出的各类疑问进行耐心解答。

报到当天至团建活动开始前，学习助理不定时在学员微信群发送红包雨（共5轮，每轮设计不同的红包封面和祝福语），既表示欢迎学员参训、庆祝培训即将开始，又借此让学员心情愉悦，增强期待感。在当晚的线下团建中，我们共安排三个环节。

环节一是"最美内训师"，即每位学员可在物料区选择一种自己喜欢的彩笔和若干张A4白纸，然后大家围圈入座，项目负责人首先让大家和左右两边的学员进行简单的自我介绍，然后播放一首歌曲，让学员在歌曲播放时限内为右手边的同学画一幅肖像画，写上祝福语，并在右下角签名。歌曲结束后，请学员相互赠送作品，并在5分钟时间内相互交流对画像的感受。交流结束后，项目负责人会邀请部分学员展示自己获赠的肖像画并分享感受。在这个环节为了打消学员"不会画、不敢画"的顾虑，项目团队会将自己之前的绘画作品通过PPT进行展示，并邀请大家猜一猜这些画的主人公是谁。这个做法一举三得，既打消学员顾虑，又强化了学员对项目团队老师的印象，同时又起到暖场的作用。通过这个环节学员状态逐渐放开，相互之间也建立了初步连接。

环节二是"内训师九宫格"，即项目负责人向每位学员发放一张空白九宫格，请学员在15分钟内收集9位内训师日常的授课主题和授课优势。收集完毕后，项目负责人会邀请部分学员在30秒内做信息分享，每人分享3位内训师的信息即可，分享要求不重名。项目负责人结合学员分享内容，将"企业工作5年以上，工作经验丰富""能够讲授不同主题课程，授课经验丰富""能熟练运用PPT制作课件""接受过发声训练""个人思维敏捷，善于引导他人思考"等作为授课优势展示在团建活动

PPT 上供学员选择。这个环节既能够让学员找到和自己主攻课题相似的老师，便于后期相互学习交流，又能发现每位老师的优势，便于后期组团开发课程。

环节三是"幸运内训师"，即项目负责人将团建当天 5 轮微信红包中每轮运气前三的学员请上台，他们三人为一组，共构成 5 个种子小组，将每组中运气最佳的学员委任为小组长，并颁发聘书。项目负责人在介绍完组长的职责后，请 5 个种子小组在组长的带领下，15 分钟内将小组人数壮大到 9 人，并尽量做到小组成员具备不同的授课优势。通过这个环节，所有学员被分到 5 个小组，每个小组 9 人，且每个小组学员拥有各自的授课优势。这样的设计一方面是为了满足课堂互动需要，另一方面是为后面课程开发组队做好铺垫。

整个团建活动中，项目负责人需要提前制作团建 PPT，准备好关键环节的主持话术，这两点是保证团建高效率、高质量完成的关键。俗话说，台上一分钟，台下十年功。所有看似临场的发挥，多数都是事前进行了周密设计和安排的。

这里给大家提一个思考题，假设学员是公司各部门主管，项目目标是增强基层管理者团队协作意识和大局观，提高跨部门合作效率。借鉴上述的破冰团建案例，我们又可以怎么做呢？

其实我们完全可以依葫芦画瓢，破冰环节可以完全套用，团建环节略做调整即可。团建环节一不变，环节二可以把"内训师九宫格"调整为"兴趣九宫格"，基本规则不变，环节三更换一个和"团队""协作"有关的活动即可。总之，根据项目目标的需要，我们可以充分调动我们的脑细胞进行思考，让团建活动更好玩、更有趣、更有新意。

2. 课前游戏

相对于破冰团建来说，课前游戏则因为简短小巧而受到众多学员的欢迎。通常情况下，课前游戏会占用课前 5～10 分钟，主要作用可以是对已学知识的温故知新，可以是提神醒脑加强交流，也可两者兼顾。这类游戏非常多，这里分享一些我们在项目实践中常用的游戏供大家参考。

（1）有奖抢答。

学习助理结合老师之前已讲授的核心知识点，参考授课老师意见，提前制作游戏测试题。游戏现场，每个小组分发一个手牌作为抢答工具，最先举牌且回答正确的小组获得奖励积分。这个游戏虽然很常见，但是我们在实践中也积累了一些小心得。首先，抢答题目要由易到难，学习助理最开始可以提出 1～2 个非常简单的问题，例如课程全称是什么、授课老师是谁等，这样做有利于学员熟悉规则、快速进入抢答状态。其次，抢答工具卡通化，学习助理可以选用卡通捶背棒、彩色手掌拍等物品，做到一物多用，既可以当手牌，又可以帮助学员捶背缓解疲劳，活跃课堂氛围。最后，奖励尽量可视化，眼见为实的奖励对学员的刺激更大，可以使用扑克牌、糖果、游戏币等工具来实施奖励。

（2）好运盲盒。

好运盲盒的事前准备内容和有奖抢答相似，学习助理同样需要结合课程知识点和老师意见制作相对应的游戏测试题。不同点在于学习助理除了准备测试题，还需要准备一些纸盒，每个纸盒内装有写着不同奖品的纸条，具体内容如一盒巧克力、一盒新鲜水果、一盒点心、小组给大家齐唱一首歌、下次好运等。若项目设计有积分规则，学习助理则可以按照阶段性小组积分排名，邀请小组回答测试题，答案正确即可抽选 1 个盲盒；若项目无积分规则设计，学习助理则可以通过现场抽选扑克牌等，以点数大小为回答顺序。这个游戏的有趣点在于猜盲盒带来的不确定性、兑奖的及时性等会让学习现场气氛爆棚。我们的经验是准备的纸盒最好能造型各异、大小不一，这样能够充分调动学员的好奇心，例如他们可能会猜测看起来不起眼的小盒子可能装着大奖，特别显眼的盒子可能没有奖品等。我们在实践中发现，如果奖品是便于分享的零食，同时有小组未抽到奖品，那么小组之间往往会主动地相互交换和分享零食，这种自发性互动连接不正是我们设计各种学习活动的目标吗？

（3）小组萝卜蹲或者醒脑操。

同前两个游戏相比，这类游戏侧重通过让学员"动起来"，达到帮助学员调整精神状态的目的，通常适用于下午开课前。萝卜蹲的游戏规则很多人都比较熟悉，即一种颜色的萝卜对应一个人，当喊到某种颜色的萝卜名称时，对应的人就要做蹲下的动作。借用这个规则，我们将一个人换成一个组也同样适用。为保证这个游戏能够顺利进行，我们提供两点经验：一是学习助理不仅要把规则讲解清楚，同时要亲身示范，确保所有小组成员都清楚规则；二是为了方便小组记忆萝卜颜色，可以提前采购一些不同颜色的道具，例如萝卜形的抱枕、彩色小旗等。如果不想采购道具，直接喊第几组蹲也是可行的，只是这样会缺少一些仪式感和趣味性。

类似小组萝卜蹲的运动类游戏还有很多，另外一种常用的游戏叫"醒脑操"。学习助理提前准备好醒脑操的音乐和视频，熟悉醒脑操的动作，现场带着学员照着视频做操即可。这个游戏有三点要注意：第一是动作要有趣味性，符合游戏的特点；第二是动作难度要适中，老少皆宜，男女通用；第三是动作要具有较强的节奏感，不能过于舒缓，否则无法起到提神醒脑的作用。

交流类活动

交流类活动，顾名思义就是通过人际互动沟通促进学习发生的活动。典型活动类型包括领导座谈、新老交流、同辈交流等。

1. 领导座谈

领导座谈最大的价值在于打破层级限制，创造一个管理层和学员直接沟通的机会。因为座谈目的、企业文化、流程细节等不同，领导座谈的组织形式也会有所不同。领导座谈看似简单，但需要注意的事项颇多。

（1）主动邀请领导参加座谈会。

在我们的经验中，大多数学习项目中的领导座谈环节都是领导自己提出来的，仅有少部分是学习项目发起部门主动申请的。这就提醒我们，要充分结合项目目标来确定是否需要组织领导座谈活动。通常情况下，学习项目中安排领导座谈的目的有两类：第一类是希望通过座谈进一步向学员传达学习项目的核心内容，传达领导层的核心要求，例如，在某前端营销人员能力提升项目结束后，公司领导希望通过座谈向学员传达公司当前的发展困境和转型压力，以提升所有学员的使命感和责任感，促发勇拓业务的决心和信心。这类情况在公司业务转型期、业务高速发展期、业务发展瓶颈期、公司推出新政策等关键时期出现得特别多；第二类是希望通过座谈会传递关怀和关爱，主要以倾听基层心声、解决基层遇到的突出问题为主，同时对学员提出一些成长方面的要求，这类情况在新员工入职培训项目、工会条线培训项目、党群条线培训项目中出现较多。在确定具体学习项目的座谈会主题时，我们需要结合座谈目的，策划多个主题，供上级选择。

（2）避免领导唱独角戏。

除非参与座谈的领导习惯一言堂，否则我们在设计座谈流程的时候，应尽量做到避免让领导唱独角戏。如何做到这一点呢？我们根据不同的座谈目的有不同的实践做法。针对上文提到的第一类目的，我们可以在会前2～3天整理并下发相关的公司文件，例如公司三年发展规划和年度重点工作任务等，便于员工提前自学；会中安排主持人引导座谈流程，一般是按照员工代表发言、相关部门负责人答疑、领导总结讲话的顺序进行；会后发布座谈会通讯稿，将领导讲话要点在公司内部进行宣贯，还可要求参会员工提交学习感悟，后期再择优编辑成册，分发内部学习。针对第二类目的，我们可以在会前收集学员关心的问题，做好归类整理，并将整理后的问题清单提前汇报给领导；会中领导先针对已收集的问题进行解答，然后进行现场补充提问和交流；会后将现场遗留下来的问题进行整理，并持续跟进。这类座谈会特别容易出现现场没有员工提问的情况，为此我们往往会提前安排一些员工代表进行提问，以起到带头作用，同时安排主持人对该环节的主持稿精心打磨，充分发挥引导和烘托氛围的作用。

（3）做好流程管控。

由于座谈会是现场即兴发言，很容易出现提前或者延迟结束的情况，导致领导正常日程被打乱。为避免这种情况的发生，我们需要提前规划好座谈会流程，并且做好会议流程管控。我们落实会议流程管控通常靠三把刷子，分别是主持人、计时器、倒茶。主持人是现场流程管控的第一责任人，由项目团队中工作经验丰富的老师担任，需要精心准备主持稿并多次打磨，会前做流程穿越。计时器主要适用于多位员工要逐一发言的情境，一是能管控整个环节用时，二是能保证每位员工发言用时的公平性。倒茶的主要作用是借机请示领导是否需要提早或延迟结束。

（4）做好会议记录和会后跟进工作。

无论是哪一类领导座谈会，我们都建议做好全程的会议记录。记录的方式可以根据领导习惯和现场需要，采用现场文字或录音录像等。这里要强调一点，一定要特别重视会议现场拍照的工作，最好能够提供明确的拍照要求，例如照片要求横拍还是竖拍，远景、中景、近景照片各需要多少，照片拟用于哪些用途等。除做好会议记录之外，会后的跟进工作同样重要，跟进工作包括会后宣传工作、遗漏问题跟进情况等。如果可以，我们还建议由项目发起部门主动向领导征求座谈会的改进建议。

2. 新老交流

新老交流在不同的学习项目中有不同的含义。在新员工入职培养项目中，新老交流指老员工和新入职员工之间的交流学习；在专业人才培养项目中，指资深专家和普通专业人才之间的交流学习；在年轻干部培养项目中，指中高管同新晋管理者之间的交流学习。总之，"老"和"新"不只是指年龄的差异，而主要是指学识、资历、经验等方面的差异。新老交流的价值在于树立榜样、分享经验、互学互鉴。我们有两种常用的新老交流实施的做法，具体如下。

（1）基础版新老交流。

这个版本的新老交流总时长控制在3小时以内，邀请四五位老员工作为分享嘉宾，每人结合交流主题分享30分钟，其中预留10分钟的时间和学员互动。实施流程一般分为三步。第一步投放交流背景PPT、播放暖场音乐；第二步主持人开场，说明交流主题和流程，依次邀请嘉宾上台分享。第三步主持人对交流活动做总结，向嘉宾致谢，做结束语。

（2）升级版新老交流。

升级版新老交流一般有四个步骤，即在基础版的第二步和第三步之间增加"圆桌论坛"步骤，即主持人邀请所有分享嘉宾同时上台，模仿高峰论坛的表现形式，同嘉宾一起按照围桌方式入座，就事前向员工收集的交流问题和现场问题进行讨论。为了做好这一步，主持人还要提前做好四个准备工作：第一，提前收集学员想要同老员工交流的问题，并挑选部分典型作为现场讨论问题；第二，提前将所有收集到的问题发给分享嘉宾，做好答题分工；第三，提前摆放好嘉宾桌签，避免嘉宾在台上就座次相互礼让；第四，提前做好现场提问和互动的控场预案。同基础版相比，升级版对主持人综合能力要求更高，不仅需要良好的沟通能力，还需要有一定的主持能力、舞台经验和临场应变能力。

3.同辈交流

同辈交流指充分利用培训班学员资源，以主题沟通的方式，促发学员之间进行深度的交流学习。同辈交流适用于大型学习项目，交流的形式也非常多，这里我们分享两个实例。

| 实例一 |

　　某公司策划实施了针对入职满一年新员工的"回炉再造训练营",项目时长共 5 天。学员的基础情况是,在前一年的入职培训时,大家一起参加了历时 15 天的线下学习。但培训结束后,所有学员前往全省 17 家分子公司报到上岗。很多学员之间从此就断了联系,工作也少有交集。结合回炉再造的学习目标,我们对这个项目中的同辈交流(半天时间)进行了如下设计。

　　1)训前两周组建学习微信群,要求每人发布 1 分钟自我介绍短视频,内容包括但是不限于姓名、现任岗位、业绩情况、所获荣誉等。所有视频在回炉培训现场也会利用课前、课间等时间进行滚动播放。学员通过视频能够快速相互认识,找到自己在同期入职员工中的榜样,发现自己的优势和不足。

　　2)提前收集学员希望相互交流的话题。通过调研,我们能够发现学员关心哪些问题、工作遇到哪些困惑、需要哪些赋能支持等内容,这些是我们确认现场交流主题的重要依据。

　　3)确定交流主题,对员工进行分组,采用世界咖啡的形式组织交流。世界咖啡的形式能够让学员在桌长的引导下表达自己的思考、聆听他人的想法、沉淀集体的智慧,学习他人的优点,反思自己的不足,在共同学习中携手成长。

　　4)交流活动结束后,我们要求学员现场撰写心得,并提供了 4F 的分享工具,即 facts(事实)、feelings(感受、体会)、findings(发现)、future use(未来的运用)。

| 实例二 |

　　某公司针对新晋管理人员开展管理能力赋能培训,共 6 天。参训

学员共 36 人，平均年龄 31 岁，管理经验平均不超过 2 年。结合项目的学习目标，我们对这个项目中的同辈交流（半天时间）进行了如下设计。

1）训前一周组建学习微信群，发布训前任务，即每人结合亲身经历，准备一个和"团队管理"相关的真实案例。我们对案例格式和内容均有明确要求，特别是结尾部分，要么是逐条罗列的、可复制的管理办法或经验，要么是具体困惑和问题。除此之外，我们会提示学员培训中设置有案例分享环节，引导大家认真做准备。

2）将学员划分为若干小组进行讨论交流。讨论交流共两轮，第一轮要求每位组员依次分享自己的案例，第二轮要求小组选出一个组内最优案例。

3）将学员重新分组，组员完全打乱。每位组员在新的小组内，依次向新的小组成员分享原小组选出的最优案例，并认真记录其他组员对自己所分享案例的反馈，反馈内容包括对该案例经验的质疑和优化建议等。

4）重新还原小组。组员向团队依次分享其他小组成员对本小组最优案例的反馈，最优案例的提供者可做好解释和记录。

5）交流结束后，优秀案例提供者在老师的辅导下，按照"组织经验萃取"的流程编写案例，汇集成册，在全公司范围内宣传推广。

成果展示类活动

第三类常见的学习活动是成果展示类活动。对于所有培训而言，培训效果评估是世界公认的难题，在实践中运用最多的是柯氏四级评估模型（见表 4-1）。

表 4-1 柯氏四级评估模型

第一级	反应层	学员对培训喜好程度的反应,包含对师资、学习内容、食宿安排和学习服务等直接感受的评价
第二级	学习层	对学员学到的知识、技能和态度的评价
第三级	行为层	学员将培训中学到的知识应用到工作中,并带来相应行为改变的评价
第四级	结果层	培训对于组织业务绩效带来的改变的评价

可以看出,反应层和学习层评价是相对容易实施的,行为层和结果层在实践中较难做出精准的评价。成果展示类活动主要是针对学习层评估开展的。典型的活动类型包括撰写学习心得、绘制课程脑图、面试、笔试、技能比武、课题汇报、实战演练等,前五种相对来说比较常规,我们重点分享后面两种实践经验。

1. 课题汇报

课题汇报通常适用于学员"带着问题而来"的学习项目,其精髓在于学员"带着问题来、带着答案走"。我们分享一个案例来说明这类活动如何开展。

某老牌国企为了解决公司管理层年龄结构老化问题,启动了为期三年的青年干部"领航计划"学习项目,旨在加速对年轻后备管理人才的培养。有别于常规的基于岗位胜任力开展的面授培训,该项目以个人管理、团队管理、业务管理为主脉,从解决实际工作问题出发,以行动学习的方式开展,每年集中培训 3 次,每次 3 天,其中 2 天赋能授课,1 天研讨汇报。每次集中培训前,各学习小组需结合学习主题开展组内研讨,确定小组课题,例如该项目中围绕团队管理的主题,有的小组带来的课题是"在非职权背书的情况下,如何进行团队管理""如何管理团队内倚老卖老的员工""如何让员工将工作要求执行到位"等,这些课题会在集中培训前反馈给授课老师,以便老师有针对性地优化课程内容。每次集中培训第二天晚上至第三天上午,各小组针对带来的课题,结合课程内容共创解决方案、行动计划、实践管控措施等内容,第三天下午各小组借助 PPT 等可视化工具将这些内容汇报给导师团，导师团点评反馈，并在后期提供远程支持。

通过这个案例我们不难发现，要做好课题汇报，课题本身必须来自业务、服务业务，授课内容和课题也必须是强关联的，并且学员能够从课程中获得足够多的启发和可借鉴的做法。这不仅要求授课老师具备较高的专业能力，而且需要学员拥有较强的学习能力、思维能力、写作能力和表达能力。

2. 实战演练

实战演练适用于技能类学习项目，例如针对销售人员开展的销售技能提升培训，针对设备维修人员开展的装维技能培训，针对内训师开展的课程开发培训等。这里我们分享一个 TTT 项目的实战演练案例。

新冠疫情一方面对培教行业带来重创，另一方面加速了线上教育的发展。很多企业或采购或优化已有线上培训平台。某银行为充实优化自有线上平台中针对公司业务、资金营运、信贷审批三个业务部门的课程数量，同时提高相关业务条线内训师的课程开发和授课能力，特开展了为期 7 天的 TTT 集训，其中前 5 天为课程开发工作坊，51 名内训师按照 3 人编组，共组成 17 个开发小组，要求产出 17 门（90 分钟/门）线上课程。第 6 天为实战演练辅导，即讲解实战演练规则、评价标准、考核结果运用等内容，并安排 5 位导师进行现场辅导。第 7 天通过课程采购会的形式开展成果汇报，具体如下。

（1）按照公司业务、资金营运、信贷审批划分三个课程采购区，邀请对应业务部门领导、TTT 实战导师、业务部门资深专家、员工代表组成各采购区评审团，评审团共有 10 万元采购款。

（2）各课程开发小组在对应的课程采购区向评审团推介课程，推介内容包括两个部分，即说课和试讲。说课指介绍课程的开发背景、授课对象、课程价值、课程目标、课程大纲、讲授方式等内容。试讲指将评审团作为学员，选取课程部分内容，开发小组老师按照正常讲授节奏，进行现场课程演绎。每小组推介总时长为26分钟，其中说课时长控制在8～9分钟，试讲时长控制在18～19分钟。说课和试讲可安排同一位小组代表完成，也可以安排两位完成。

（3）评审团认真做好各组评审记录，在听取采购区所有推介后，商议决定采购或不采购哪些课程、各课程采购价格等内容，并填写完成课程采购意向书。

（4）隆重举办课程采购书签约仪式，各业务部门领导作为评审团代表，同各小组代表共同在采购书上签字，并合影留念。

（5）各小组完成线上授课，并根据采购书约定获得对应金额的课酬奖励。

对于实战演练来说，我们认为其设计一定要凸显"实"。这个案例充分体现了"实"的特点：一是学员实打实地运用所学内容开发课程；二是课程内容紧贴业务部门实际需求；三是课程实用性现场评估；四是内训师专业能力直接变现；五是公司线上平台课程库完成扩容，实现项目目标。

我们说学习体验设计的法宝是学习活动设计，并且分享了三类学习活动，九个实践案例以及数十个建议。那么有没有什么工具，能够帮助我们将这些原则和活动运用到学习项目设计中呢？那必须有，它就是"学习体验设计表"。我们以某省级公司培训经理年会项目为例，说明我们如何用一张表搞定学习体验设计（见表4-2）。

表4-2　某省级公司培训经理年会项目的"学习体验设计表"

项目关键节点		预期效果	活动名称	活动要点
序号	关键节点			
1	学员报到	● 提高身份认同感和自豪感 ● 熟悉年会安排	签名墙 发放活动手册	定制高规格、大尺寸签名墙，铺设红地毯，专职摄影摄像跟拍，定制化活动手册、伴手礼……

(续)

项目关键节点		预期效果	活动名称	活动要点
序号	关键节点			
2	破冰团建	●发生连接 ●增进了解 ●加深感情	即兴沟通	师资资质审核、活动流程穿越、备选预案、场地布置……
3	开营仪式	●提升使命感 ●提升荣誉感	领导致辞+合影	主持稿、领导桌签、开营PPT、暖场音乐、报到及破冰环节视频、合影场地布置、氛围营造的物料准备……
4	第一天晚间	●增强连接 ●强化学习效果	同辈交流：三人行必有我师	主持稿、世界咖啡活动流程及配套PPT、茶歇、成果输出要求及模板、环境布置……
5	第二天早间课前	●强化学习效果 ●调整学习状态	课前游戏：有奖抢答	抢答题及配套PPT、奖品、现场主持话术……
6	第二天午间课前	●强化学习效果 ●调整学习状态	课前游戏：好运盲盒	抢答题及配套PPT、奖品、现场主持话术……

通过这个案例，我们不难发现，在此表中，基于项目目标和学员画像，每个关键节点设计哪些学习活动，这些学习活动有哪些实施要点、实现哪些期待的效果等内容一目了然。关于学习体验设计，我们需要特别强调一个问题：学习体验是不是靠学习活动就够了？显然不是，天气、会场环境、学员的听觉、视觉、嗅觉、触觉以及个人心智等都会对其体验产生影响。我们在设计学习活动的时候，需要充分考虑如何将这些内容作为学习活动的资源，为项目目标服务。

小结

重视体验活动,促进学习发生,输出"学习项目学员体验设计表"。

项目关键节点		预期效果	活动名称	活动要点
序号	关键节点			
1	前期预热			
2	学员报到			
3	破冰团建			
4	开营仪式			
5	第一天学习			
6	第二天学习			
7	第三天学习			
8	结营仪式			
9	优秀评选			
10	才艺展示			
11	心得分享			
12	……			

Learning project design
complete practice

第 5 章

加强项目宣传,扩大项目影响

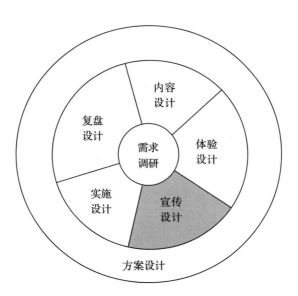

学习项目是企业创建学习型组织的重要内容，也是牵引企业人才培养体系建设的关键抓手，对内是凝聚人心、创建品牌的平台，对外是扩大影响、彰显实力的标杆。所以，学习发展顾问一定要意识到，学习项目不只是人力资源部的项目，也不只是学员的项目，它是公司的项目，理应做到公司内外部全员皆知。但事实是，中华文化崇尚低调有内涵，它也让很多学习发展顾问对于项目宣传这件事的态度过于保守。我们希望学习发展顾问逐步改变"酒香不怕巷子深"的思想，主动宣传项目、创新宣传项目，将学习项目的影响力转变为组织的竞争力。

为什么要做学习项目宣传

学习项目宣传非常重要，其重要性主要体现在以下几个方面。

项目经验沉淀的需要

好的学习项目是企业总结项目经验、复盘项目做法的最好机会。通过对优秀项目进行宣传，可以倒逼项目团队复盘项目设计、实施和管控过程中的优秀做法、遇到的问题，提出未来的改进建议等，形成学习项目的闭环输出，便于后期类似项目的借鉴和改进。

扩大优秀项目影响的需要

通过对好的项目进行宣传，可以扩大优秀项目的影响范围，让更多行业内外、企业内外的伙伴和员工学习，以优秀复制优秀，带动组织内外更多优秀项目产生和落地。

优秀项目产品化的需要

通过对好的项目进行宣传，可以将学习项目逐步打造为组织人才队伍建设的关键抓手，推进学习项目的萃取、提炼和产品化，构建组织人力资源核心竞争力。

搭建内部学习品牌的需要

通过对好的项目进行宣传，可以搭建组织自有学习项目的内容矩阵，逐步构建组织自有学习品牌，形成组织自有学习竞争力。例如，某单位通过学习项目搭建了干部队伍"星"品牌，主要包括年轻干部未来星计划、新任干部启明星计划、资深干部定盘星计划等，成为行业内的知名学习品牌。

常见的五种项目宣传工具

H5 海报

现代人对于海报已经非常熟悉了，从街边的广告牌到手机里的朋友圈，形形色色的海报无时无刻不撩拨着人们的心弦。海报最早作为剧目演出信息的宣传工具，这种用来招徕顾客的张贴物，后来逐步演变成今天人们熟知的一种广告宣传形式。

学习项目要被相关方所熟知，海报是一种重要的宣传媒介。在日常学习项目中，我们主要使用到以下几种海报类型（见表5-1）。

表 5-1　常用宣传海报的作用

名称	作用
课程宣传海报	向学员宣传课程主题、学习收益、大咖培训等课程亮点，吸引学员对课程的关注，打造课程脸面
学员入场调查海报	培训师提出现状调查类的问题（如培训背景问询、学习兴趣点调查），并设计问题答案的不同维度让学员选择填写，通过学员的回答可以把握学员现状，必要时调整课程内容
课堂规则海报	使用新颖、生动、有趣的表达方式向学员呈现课堂规则，改变其对规则的刻板认知，提高接受度，同时有效提升培训师的亲和力，拉近师生关系
培训日程海报	明确培训的内容与时间节点分布，帮助学员时刻掌握课程进度，增加学员对课程的认知度和安全感

(续)

名称	作用
重要知识点海报	利用图文的逻辑化,将课程中的重点理论模型、工具及方法进行有效呈现,帮助学员理解和记忆课程内容

除此之外,很多学习项目还会做授课老师介绍海报、H5海报等(见图5-1)。

图5-1 某学习项目中的讲师宣传海报

那什么是H5海报呢?H5海报就是使用计算机HTML5程序语言编辑的电子版海报,与其他作图工具不同,H5海报具有极强的交互性,可以根据学员和学习项目的需要灵活设计成动态、多页、定时等不同形式。

近年来,H5海报因为制作方便、性价比高等原因被越来越多的学习发展顾问应用在学习项目全流程中,发挥宣传造势、招募学员、收集信息、师资介绍、过程展示、烘托氛围和内容总结等作用。

一张高质量的H5海报不仅需要有内容、有创意,还需要符合大众审美、有号召力,因而要制作出一张优秀的H5海报,设计者需要具备较高的审美能力、设计软件运用能力、内容理解和提炼能力以及创造创新能力。

对于那些特别重大的项目，在经费等条件允许的情况下，我们建议H5海报制作可以聘请外部专业公司或个人工作室来完成。但是对于大多数学习项目而言，这项工作通常由学习发展顾问自行完成。俗话说隔行如隔山，这项工作对于大多数人来说并非专长，幸运的是我们生活在一个互联网蓬勃发展的时代，可以很容易找到各种软件或者网站，例如WPS、创客贴、易企秀、美篇以及AI技术等帮助我们完成H5的制作，可以满足对于学习项目H5海报的基础设计需求。

经过多年实践摸索，我们总结出一套"有情有义、特色会撩"的H5海报制作心得。"有情"指对于H5海报，从标题到文案学习发展顾问都需要用心。对于标题选择，我们既要重视标题的作用，又要避免表里不一、哗众取宠；对于文案内容，我们的语言表达既要凝练，又要准确传递需要学员了解的关键项目信息。总之，海报中每一句话、每一个字都要有穿透力、有号召力、聚焦目标、直击人心。"有义"指H5海报要言之有物，需要交代清楚学习项目的学习目标、学员对象、学习时间、学习地点、学习内容等基本事项。"特色"是指H5海报要体现学习项目的特点，结合项目内容选择不同的风格加以演绎，重视结构布局、颜色搭配、流行元素等方面的设计，提升视觉冲击力和感染力。"会撩"指H5海报要尽可能和受众之间发生情感互动，让受众不仅是动眼，还要动手和动脑，例如，通过二维码扫一扫参加互动游戏、调研问卷、有奖问答等都是很好的互动方式，借此提高受众的参与感，吸引更多人关注和参与学习项目。

长短视频

视频因为其形式动态、内容丰富、冲击力强等特点，成为众多学习项目的重要宣传方式，特别是伴随着短视频的迅猛发展，这种方式越来越受到青睐。

我们可以使用视频进行学习过程的回顾总结，也可以进行项目宣传，还可以剪辑关键内容帮助学员快速掌握课程核心知识等。例如，对于那些需要分多期开展的学习项目，在下一期项目预热阶段，我们可以邀请上一期的部分优秀学员作为代表，以真人出境的方式录制短视频，其内容包括但不限于他们对于该学习项目的认识、项目中的收获和成长、对下一期学员的期待和建议等。

对于学习周期较长、学习内容较多、课余活动也比较丰富的学习项目，我们可以分阶段制作 5 分钟左右的回顾视频，方便学员及时了解我们的学习进度、当前收获和后期安排等。回顾视频图文并茂、声色俱全，受到大多数学员的欢迎。我们可以在越来越多的项目中，尝试以日更的频次记录和宣传项目实施中的细节，根据学习日程和内容确定当天的拍摄主题，比如"今日学习中的哇噻时刻""我身边的有趣灵魂"等，对学员在项目中的完整形象进行展现，增强学习过程的趣味性和参与性。

PPT 专题汇报

前面两种宣传方式的对象范围广泛，几乎可以面向企业内外部的所有员工和客户。PPT 专题汇报的对象则非常明确和聚焦。如果你的角色是企业学习发展顾问，那么你的汇报对象大多是人力资源部负责人；如果你的角色是学习项目设计顾问，那么你的汇报对象可能是客户方，也可能是计划开展类似学习项目的其他干系人。对于前者而言，PPT 专题汇报既能让上级领导看到自己的工作业绩和工作亮点，又能更为正式地宣传项目；对于后者而言，通过 PPT 汇报不仅是在宣传项目本身，更是一种营销手段。那么如何借用 PPT 汇报做好学习项目的宣传呢？无论你是何种身份和角色，我们"三有三先"的经验也许对你有帮助。

"三有"是指 PPT 专题汇报要有逻辑、有主次、有颜值。

有逻辑不仅是要求 PPT 整体编排符合逻辑，而且呈现的各元素/内容之间也需要符合逻辑。关于项目方案的演讲逻辑，第 8 章会有详细分享，这里不再赘述。

有主次是指项目成果汇报中要聚焦关键举措和核心亮点，不要在每个事项上平均用力，更不要变成流水账。最好可以按照项目成果、项目亮点、项目创新等维度找到那些对领导或者客户来说更为关注或更有价值的信息，在这部分花费更多版面、更多的设计和更多的汇报时间。

有颜值是指学习发展顾问要尽可能将 PPT 做得好看，让观众有如沐春风的舒服感。这里我们想强调一点，好看不等于堆砌色彩和动画特效，有时候这样做会让人感觉浮夸和累赘，甚至会毫无意义地延长汇报时间。我们所说的好看是指整体设计美观简洁，如色彩搭配合适、文字大小合适、文图排版合适等。

"三先"是指 PPT 专题汇报要先说结果再说细节、先说理论再说运用、先说不足再说建议。

"先说结果再说细节"是指无论是汇报项目的整体思路和项目建议，还是汇报项目方案中某个具体举措和实施细节，我们都建议学习发展顾问先说结果再说细节。一方面，这是向领导汇报工作结论先行的基本要求，另一方面，好的结果才能让领导或客户对细节更感兴趣，也可以节省汇报双方的时间。特别是当汇报时间较短的时候，先说结果这一点就显得尤为重要。例如，2019 年我们承办了某国企优培生和年轻后备干部人才培养学习项目，该项目为期 3 年，在项目阶段性汇报中，我们首先汇报了这个学习项目的阶段性结果，即项目一共设计了多少期、已经完成了多少期、还剩下多少期、参训总人次是多少、整体评价如何等，已有结果汇报完成之后，我们再结合项目设计汇报项目后期的实施细节等。客户对于这样的汇报方式很认可，评价我们的汇报条理清晰、目标明确、重点突出（见图 5-2）。

"先说理论再说运用"是指我们在汇报项目具体做法的时候，建议先汇报该做法背后的科学理论依据或底层逻辑（如有），这一点很重要但容易被很多汇报者所忽视。这一点之所以很重要是因为这不仅能够帮助领导或客户更深度地理解和认同后面的做法，而且还有利于提升项目设计整体的科学性和专业性，更容易营造学习发展顾问的专业形象。例如当我们准备向领导汇报如何帮助学员将理论学习转化为行为绩效的时候，我们首先介绍库伯学习圈理论的内容，然后再介绍我们如何将该理论运用到学习项目设计之中，这样就做到了有理有据、相互支撑。

■ 2.1 项目执行情况概述——执行进度

项目对象	项目阶段	任务主题与学习目标	集中培训安排	完成情况	
后备	第一阶段（2019年）	**能力觉察与发展**：有针对性地解决个人岗位难题来发展个体领导力	2次（2天/次）	第1期	完成
				第2期	完成
	第二阶段（2020~2021年）	**战略理解与执行**：结合对战略的理解和落地，来提升工作绩效	3次（2天/次）	第3期	完成
				第4期	待执行
				第5期	待完成
	第三阶段（2021~2022年）	**资源整合与创新**：结合对业务的前瞻性对资源进行整合及创新	3次（2天/次）	第6期	待完成
				第7期	待完成
				第8期	待完成
优培	第一阶段（2019年）	**能力觉察与发展**：掌握一套预防问题、解决问题和科学决策的思维工具	2次（2天/次）	第1期	完成
				第2期	完成
	第二阶段（2020~2021年）	**战略理解与执行**：为"战略解码"搭建有效的工作团队，有效支持组织的战略落地	3次（2天/次）	第3期	完成
				第4期	待执行
				第5期	待完成
	第三阶段（2021~2022年）	**资源整合与创新**：帮助学员改进和开拓工作思路，从多种方法中找到最适合的创新解决方案	3次（2天/次）	第6期	待完成
				第7期	待完成
				第8期	待完成

■ 2.2 年轻后备干部培养情况——第一阶段（已完成）

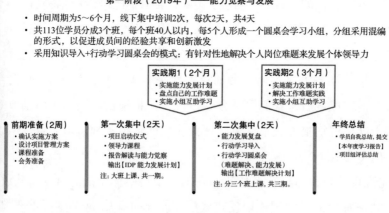

图 5-2　某学习项目的总结汇报材料（节选）

"先说不足再说建议"是强调我们不仅要汇报本次项目的经验教训，还应该重视对项目后期可延展性工作提供建议。这里的延展性工作最主要的内容是如何调整和优化学习项目，如何帮助学员将学习成果运用在实际工作中，如何针对这部分学员开展后续的培养工作等。例如2020年我们承办了某央企新员工入职半年工作情况调研项目，在最终的项目报告（见图5-3）中，我们不仅呈现了详尽的调研数据及其分析，还为他们提供了基于调研报告的后期培养建议，得到了客户的高度认可。

三、报告运用与建议

对于如何运用本报告，我们在往年的报告中提出过建议，主要是三个方面的运用，即在校招中的运用、在新员工导师选聘中的运用、在员工教育中的运用。今年整体情况同2019年基本相似，不再赘述，现结合今年回访情况，做如下新增。

（一）在新员工培养中的运用与建议

现在校招的新员工年龄早已不是"90后"，而是"95后""00后"，这样的一个年轻群体有他们自身的特点，从本次回访数据来看，他们更喜欢紧跟时代的学习方式、更青睐行业大牛的现身说法、更愿意在人际交流和分享中收获新知，他们不仅关注个人知识和技能的成长，他们对于职场人脉和人际关系也更加敏感。总体来说，他们对"有趣、有料、有用"有更高标准的追求和期待。

因此，在新员工培养中，我们有四点建议：

第一，增加公司高级别管理层授课的人数和时长，人员选择上我们也建议以"75后""80后"为主。

第二，增加公司内部技术大牛和新员工面对面沟通交流的机会，让新员工真切切感受到通信技术蓬勃发展的魅力，提高企业的荣誉感和归属感。

第三，减少传统的课堂教学课程，增加更多的主题教学活动，尤其是需要新员工主动思考、主动探索的学习活动。

第四，增加更多新老员工联动的学习环节，为新员工建立职场人脉创造机会。

（二）在新员工轮岗中的运用与建议

目前全省各分、子公司新员工轮岗尚无统一模式，相对来说，武汉分公司的轮岗模式较能满足新员工快速全面了解企业的需求，但是其整体的轮岗时间多半为6个月，时间有限，轮岗次数多、岗位性质跨度较大，可能会导致走马观花的轮岗感知。

结合回访情况来看，新员工既希望提高轮岗跨度，了解不同部门之间的工作内容和工作模式，又希望对某一岗位有较为深入的理解，以便明确自己的职业发展方向。据此我们提供如下建议，供参考：

第一，平衡轮岗跨度和各岗位轮岗时长。各分、子公司可在向新员工普及公司组织

———— 1

图 5-3　项目报告示例

三、报告运用与建议

架构的基础上,结合新员工意愿,优先选择公司主要和重点部门让新员工去轮岗,避免出现仅将新员工当廉价劳动力的情况。

第二,新员工每次轮岗前,分、子公司应为其设定该岗位的轮岗目标,且应尽量满足SMART原则,做到目标清晰、逐条列出,满足事后可检测、可评价的标准。新员工每次轮岗结束后,应针对本次轮岗,结合轮岗目标,提交该岗位的轮岗报告,并就此岗位尚存困惑之处进行说明,各分、子公司应安排专人(如导师)进行答疑。

第三,除武汉分公司外,建议其他分、子公司提高新员工轮岗的跨度,即有机会在不同性质的部门和岗位进行轮岗,而非局限在前端业务部门。

(三)在新员工人文关怀中的运用与建议

通过近几年的回访工作,我们发现新员工"交友"的需求越来越明显,这不仅体现在他们青睐更多交流分享式的学习活动上,还体现在他们对未来的人生规划上。形成这种情况的因素,一方面可能是时代的产物,头部社交软件探探联合中国社会科学院2020年发布的《"95后"社交观念与社交关系调查报告》显示,在中国城乡化进程中,因跨地域学习、工作而产生了城市中的"独居青年",他们来到新的城市打拼生活,日常生活圈子有限,他们青睐通过线上线下联动的方式扩大交友圈,寻找志同道合的朋友,甚至情投意合的人生伴侣。另一方面新员工初入职场,工作和生活节奏与学生时代相比明显加快,在回访中有部分新员工反映自己已经常加班,工作强度较大,在一定程度上也加剧了新员工交友圈子进一步缩小,尤其对于工作在异乡的新员工,他们会产生较为强烈的孤独感,甚至在工作生活遇到困难时产生强烈的无助感。

对于此情况,我们建议在新员工人文关怀方面做如下优化:

第一,进一步完善新员工食宿方面的福利待遇。

第二,各分、子公司根据自身条件,可定期组织新员工团建活动、联谊活动,为新员工提供交友和婚恋平台。

第三,关注新员工心理健康状况,有条件的分、子公司,可由工会、党群等部门牵头成立心理关怀工作室,助力新员工在人生角色转变期平稳过渡。

图 5-3 项目报告示例(续)

企业信息稿

信息稿也称"消息",它是一种内部传递迅速、文字简明的事实信息,是企业内部进行重要事项宣传的方式之一,强调时效性和语言的高度概括,篇幅短小,也是企业内部宣传学习项目的重要渠道。

利用企业信息稿宣传学习项目需要遵循"新、实、精、快、准"的原则。

所谓新，一方面是指在学习项目结束后，借助项目热劲马上做信息稿宣传，让人有新鲜感；另一方面是指学习发展顾问必须找到项目本身的创新点，让项目核心亮点凸显出来。学习发展顾问要善于站在全项目的高度，以独特的视角和眼光挖掘、提炼项目亮点，力求与众不同。

所谓实，是指所写的项目内容必须客观真实，能准确反映项目中的热点、亮点，以及一些值得推广的好做法和好经验，做到真实可靠，而不是虚假的、编造的，或是半真半假的、似是而非的。这就要求我们必须具体地记录真实情况，实事求是地反映客观实际。

所谓精，是指信息稿要短小精悍、主题鲜明、立意新颖，让人有耳目一新的感觉；在写作手法上，要不拘一格、敢于突破，让人一看就知道信息的主要内容。同时，材料选择也要精当，严格按照项目宣传的要求去掂量和选取材料，把最能反映事物本质的、具有典型意义的和最有吸引力的材料写进去。信息稿最好不要超过两页，但也不宜过短，50字以下的稿件很可能被看成广告，而非信息。

所谓快，就是对于刚刚完成的项目，要快速整理，快速撰文，快速发稿。切忌拖拖拉拉，贻误时间。力争以最短的时间、最快的速度，把最新的消息和最重要的内容告诉相关方。

所谓准，就是对拟采写的项目内容，必须做到准确无误。尤其是稿件中涉及的时间、地点、人物、数字、姓名等，一定要了解清楚，表述准确。

对于学习发展顾问来说，要写出一篇专业、高水平的信息稿并非一件简单的事，需要加强日常训练，做有心人。

| 实例 |
公司举行2022年战略解码工作坊培训学习活动

为接应落实公司战略，进一步推进公司"大培训"体系建设，强化公司全员战略共识，明晰战略实现路径，提升战略执行力，1月22日至24日，公司举办2022年战略解码工作坊培训学习活动。公司领导班子、中层干部、后备干部及关键岗位员工共计57人参加。

工作坊坚持党建统领，凝聚思想共识。公司党委书记、总经理××同志以"砥砺奋进，走好新时代赶考路"为题讲党课，带领干部员工深入学习领会党的十九届六中全会精神，重温党的百年奋斗历程、伟大成就和历史经验。党课将党史学习教育与解决实际问题结合起来，引导干部员工共同总结分公司成立八年以来的发展经验，并以分公司发展史为鉴，思考如何开创未来，走好新时代的"赶考路"。

××总经理担任本次战略解码培训的主讲。培训根据公司三大业务板块经营情况将参训人员划分为9个经营单元小组，并设1个总参组。各小组在参训前均提前准备好麦田图。在主讲的指导下，各小组运用战略解码地图、SWOT分析等工具，分阶段进行分析研讨，逐步明晰公司业务经营形势、关键能力差距等情况，进而识别公司战略发展方向、年度关键任务，并确定行动举措，形成指导性强、任务清晰、行为明确的战略解码方案。公司领导班子、总经理助理对各小组战略解码方案做了进一步的评价指导。经完善，方案中的关键任务和行动举措由各部门认领，作为2022年的重点工作任务。

××总经理对本次战略解码工作坊的输出成果给予了肯定，要求大家在今后的工作中做到三个相信：一是相信团队的力量，依靠团队克难制胜。二是相信知识的力量，学习掌握新方法新工具。三是相信"相信"的力量，坚定信念，笃行不息。

项目投稿

优秀的学习项目既是组织的知识财富，也是培训咨询行业的财富。学习发展顾问可以通过撰写项目稿件，定向投递给行业内的知名期刊进行发表，以扩大该学习项目的行业影响力。例如，学习项目最常用的投递纸媒就是《培训》杂志，学习发展顾问可以给自己设定每年 1～2 篇的投稿任务，督促自己对于项目进行及时整理总结、沉淀经验以持续扩大项目的影响力。

学习项目产品化的实践与思考

什么是学习项目产品化

很多学习发展顾问常感叹自己的工作价值不被看见，在企业内部缺乏影响力。为何如此？一个重要的原因是学习项目这件事长期以来被看作是"花钱"的，而非"赚钱"的。如何改变这种现状？我们认为一方面要体现这个钱花得值，另一方面就是要努力把花钱的事变成赚钱的事。前者实际上就是建议学习发展顾问要重视对学习项目的宣传包装，充分展现项目对企业人才建设及长远发展的价值。后者则是建议学习发展顾问转换思路：人力资源部门也能成为公司的生产部门！将既往的学习项目产品化就是在为组织业务发展提供标准化人才赋能解决方案，就是在为组织进行智力生产。

所谓学习项目产品化，我们的理解是在项目复盘的基础上，通过对项目全过程的标准化处理，使项目成为具备可复制性、可移植性、可面向市场端的学习产品。其价值是能满足业务需求的，其设计是符合企业发展实际的，其目标是可落地实施、可复制推广的。从这个理解中不难发现，学习项目产品化并不容易，它需要项目团队投入非常多的时间和精力，因此项目产品化必须挑选全年的精品项目进行。那么，哪些学习项目适合进行产品化呢？我们认为以下三类项目比较适合，即常规类项目、试点类项目、痛点类项目。

常规类项目是指企业每年都会举办的既定学习项目，例如新员工入职训练营、内训师选拔和能力培养项目等，项目产品化可以助力这类项目经验的持续迭代和创新实践，构建企业常规学习项目品牌。

试点类项目通常是指企业准备从外部引入某些内部没有的管理制度、管理理念、管理工具，或者在内部开展某类人才队伍建设的尝试。例如某集团公司准备引入新员工导师制以帮助新员工快速成长。这个制度涉及导师的选用育留多个方面的工作，企业对于应该如何在全集团内部落实、推进过程中可能会产生哪些情况等问题都缺乏经验。为了积累这些经验，同时检验该制度是否真的适合该集团的"DNA"，集团公司选择三家省级分公司同步进行试点，即在这三家分公司范围内先行落实导师制，积累项目经验，最终将项目经验产品化以推广至全国所有公司。

痛点类项目是指针对企业当前面临的迫切需要解决的问题而设计的学习项目。这类项目聚焦企业当前业务痛点，例如一家连锁便利店一年新增上万家新店，出现了批量培养店长和店员的学习项目需求；再如客服座席岗位人员流动性太高，出现了大批新到岗员工快速胜任岗位的学习项目需求。这类学习项目需要快速产品化，成为解决组织当前业务痛点的"核力量"。

如何将学习项目产品化

如何将已经做过的学习项目进行产品化呢？正如前文所说，我们认为好的学习项目产品，其价值是能满足业务需求的，其设计是符合企业发展实际的，其目标是可落地实施、可复制推广的。因此我们在将学习项目产品化的时候就要凸显项目的价值、设计的科学性和项目落地保障这三个方面的关键内容。结合多年的项目实践经验，我们总结出学习项目产品化的三个关键步骤。

1. 项目素材整理

任何一个学习项目从需求对接到复盘总结，中间都会产生大量的素材，学习项目产品化的第一步是收集散落在项目团队中的各种素材资料，并做好分类整理。这里的项目素材包括但不限于需求沟通表、访谈调研材料、学习项目方案、项目实施日程、项目管控措施、项目积分表、评估反馈材料、学员心得、学员出勤记录、团队复盘总结等，我们可以利用"学习项目素材整理表"将以上素材进行高效整理（见表5-2）。

表 5-2　学习项目素材整理表

项目名称		项目经理		项目执行时间	
需求对接阶段	项目需求沟通表					
访谈调研阶段	项目访谈提纲、项目访谈记录、项目访谈报告、访谈日程安排、学员画像、学员工作分析报告、访谈过程中收集的素材等				
策划设计阶段	学习项目方案（多个版本）、项目预算、项目方案汇报材料				
实施交付阶段	项目实施管控日程表、项目物资准备清单、项目团队分工表、项目活动设计表、项目预算执行管控表、学员名单、学员签到表、学员手册、学员学习心得、领导讲话稿、授课老师课件、客户评价或反馈、项目其他个性化设计素材				
宣传推广阶段	项目H5海报、项目公众号宣传文章、项目回顾视频、项目信息稿等				
复盘总结阶段	项目复盘总结、项目复盘会议纪要等				

图5-4是某企业骨干人才"火箭计划"项目的素材整理表。

项目产品化素材整理表		
项目名称	火箭计划	项目LOGO　包含火箭元素，待设计
名称含义	内训师通过项目能力有大幅提升，成长速度如火箭，从而促进企业发展	
项目价值	帮助企业培养出一批内训师，而且需要他们能萃取、会做课、能讲课	
项目目标	1.企业优秀案例集 2.4~5门标准课程包（以学员30人为例） 3.一批掌握萃取技术、课程开发技术的内训师队伍	
项目设计		
成功案例		

图 5-4　"火箭计划"项目产品化素材整理表

2. 项目亮点提炼

项目产品化的目的是方便项目的推广和营销，以促发组织内部更多优秀项目的产生，因此项目产品化必须紧扣"解决组织业务发展痛点"这个中心，内容必须是对项目相关方都有价值且重点关注的内容。按照问题分析与解决的思路，项目产品化应该重点关注以下三个方面的内容：该学习项目试图解决当前组织业务或管理的什么痛点？该学习项目是如何解决该痛点的？该学习项目实施后，带来什么样的收获？

项目亮点提炼就是站在项目实施完成的时间点，重新思考和提炼项目的核心内容，对以上三个问题进行回答，回答的结论将是项目产品化包装的核心内容。

例如某企业新任中层干部强体赋能训练营项目，通过梳理确定的管理痛点如下：

- 任职两三年了，还没明白中层干部和员工的区别到底是啥。
- 凡事亲力亲为，自己累得半死，就这还是没达成公司下达的指标。
- 没想到团队这么难带，下属都是自己想自己的，自己干自己的。
- 下属的工作结果总是不达标，说了好几次但好像没啥用。

学习项目如何解决以上痛点，其实就是在回答学习项目设计思路的问题。在该项目中，我们提出："新任中层干部不仅需要组织发文，更需要体系化学习与训练"，而要让新任中层干部真正成为公司业务转型发展的关键力量，必须从以下四个方面去进行能力提升。

- 角色定位：中层干部应该做什么。
- 高效执行：中层干部应该如何高效执行。
- 团队打造：中层干部如何带团队。
- 绩效辅导：中层干部如何帮助下属成长。

最后一个问题，就是该项目结束后能够取得的成果，这种成果包括了组织收益和个人收益两个方面（见图 5-5）。

图 5-5 项目结束后取得的成果

按照以上项目亮点提炼的思路，对于正常的学习项目产品化，还需要去掉学习项目中的定制化信息，调整项目的普适性，以输出学习项目标准化方案。这里的定制化信息包括特定公司信息、特定部门或者岗位等内容。例如我们之前做的"18 天新任中层干部强体赋能线上训练营"项目产品化，这个产品的原型是我们为某国企新任中层提供的定制化学习项目，因该项目实施效果得到了客户的高度认可，且同类型项目企业需求大，在多次实践后我们决定将其打造成我们的学习项目产品。在产品化的过程中，除了梳理前面的三个关键问题，我们还去掉了该企业的众多特定内容，用更广阔的视角修改学习项目的实施背景、项目价值、适用对象、项目流程等内容，除此之外，我们结合学习项目本身的特点，为其重新定义名称、设计 logo 等新的标识系统。完成以上工作后，这个项目的产品化提炼梳理就差不多完成了。

3. 项目产品输出

项目产品输出是一件充满挑战性和价值感的工作，它对于学习发展顾问的创意和审美观等都有要求。如果项目产品内容还要作为公司业务亮点对外宣传展示，那标准化包装就显得尤为重要，很多学习发展顾问将这项工作直接交给广告公司做，这当然是个不错的选择。事实上，很多培训咨询公司确实是这么干的,但是对于企业人力资源部门,这无疑又是一件需要"花钱"的事。我们自己的经验是,这个事情我们自己也可以干,而且我们采用的就是最朴实无华的 PPT 软件,为我们省去了一大笔广告制作费。图 5-6 是我们做的部分项目产品化的成品。

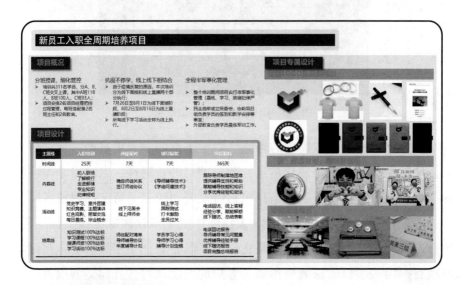

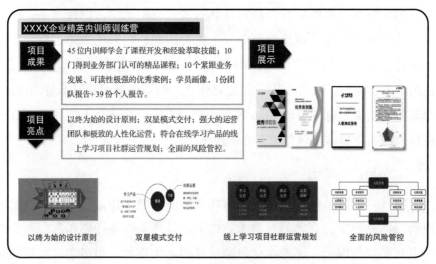

图 5-6　项目产品化的成品示例

第 5 章 加强项目宣传，扩大项目影响

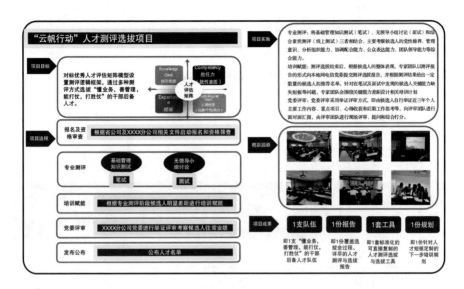

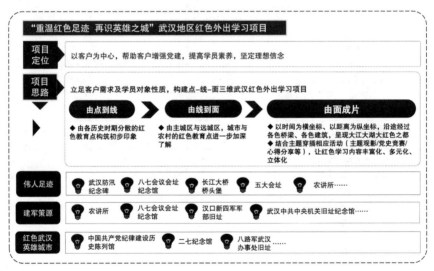

图 5-6 项目产品化的成品示例（续）

试想一下，当你把自己所负责的学习项目升级成这样的学习产品时，你是不是可以将这些产品卖给其他兄弟单位（假设你所在的是一个集团公司）。当外部条件成熟后，你是不是可以把它们卖给外部公司，甚至可以直接卖给 C 端市场，事实上，现在很多优秀的企业大学正是这样做的。我们相信,当我们把企业培训做到这个高度的时候,培训工作摇身一变,从花钱的变成赚钱的,大家就都能够看到它的价值。作为企业的学习发展顾问,我们自身的价值和影响力也能随之提高。

小结

加强项目宣传,提升项目影响,输出"学习项目宣传设计表"。

项目关键节点		宣传目的	宣传活动/宣传形式	注意要点
序号	关键节点			
1	项目导入			
2	项目预热			
3	学员报到			
4	破冰团建			
5	开营仪式			
6	第一天学习			
7	第二天学习			
8	第三天学习			
9	结营仪式			
10	优秀评选			
11	才艺展示			
12	心得分享			
13	……			

Learning project design
complete practice

第 6 章
强化实施设计,确保顺利交付

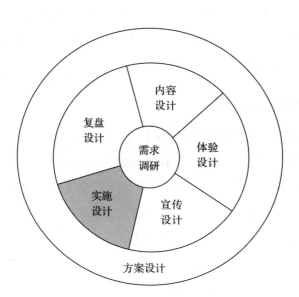

对于参与学习项目的学员来说，在学习项目中印象最深刻的往往并不是学习内容本身，而是那些非学习内容的部分，例如学习过程中的餐饮住宿安排、项目团队服务的专业性、学习项目中的特殊活动（比如十五公里徒步），甚至类似接送站司机是否准时热情、房间内是否安排有矿泉水等细节。因此如果说学习项目设计很重要，那么项目过程管控则更为重要，它直接决定了项目设计的所有环节和内容是否可以落地见效，也处处影响着学习者的学习体验。

如何组建项目交付团队

组建交付团队主要用来回答"谁来负责学习项目交付"的问题。为了保证项目实施的全周期闭环管理，每个学习项目都应该组建专业的交付团队，团队人员规模可根据学习项目的周期时长、学员数量、工作复杂度、成员行为风格等有所区别。

交付团队的规模和角色

一般来说，一周以内且学员数量在40人左右的中小型项目可按照1～2人配备交付团队，而学员数量较多且学习环节复杂、管控难度较大的中长期项目，我们建议组建3人及以上的专业化交付团队。

交付团队内部必须具有明确的分工。无论团队规模如何，交付团队都必须要有一个对项目实施总体负责的人，即项目经理，我们一般会选择具有丰富项目交付经验的成员来担任该岗位。团队内

图6-1　项目交付团队组织架构图

部的其他成员则按照学习管理和生活管理两个角色进行分工，一般称为学习助理和生活助理（见图6-1）。

学习助理主要负责项目中与学员学习活动相关的所有事项，包括但

不限于学员名单、学习日程、师资简介、学习活动、开班主持、积分统计、学员课堂管理、学习用品设计、学习资料准备、学习研讨组织、学习团建活动、结业仪式、学习过程管理等。生活助理主要负责项目中与学员的生活相关的所有工作，包括但不限于学员住宿、学员餐饮、学员往来交通、学员开票结算、学员报到入住、学习用品准备和学习资料分发、学员生活问题即时对接和处理等，在学习助理和生活助理之外，很多大型项目还会增加项目外联的角色，主要是把学习助理和生活助理职责中需要外联的事项全部剥离出来，由专人进行对接负责。

项目团队组建中的三个关注点

在项目团队组建中，我们主要关注以下三点。

（1）团队成员的能力要求。项目经理对项目总体负责，即对项目的全过程进行把控，需要对项目的所有环节了如指掌，且为人亲和，善于沟通，具有一定的专业影响力和管理能力，具有强烈的责任心和全局观。学习助理需要熟悉学习项目实施的全过程内容，细致认真，善于学习，有亲和力和感染力，能够和学员打成一片，也需要具有较强的专业性。生活助理需要具有细致体贴、任劳任怨的特质，具有良好的沟通和应变能力，可以快速处理学员在学习过程中出现的各类型问题，有耐心，善于情绪控制。

（2）团队成员的补位要求。团队成员的年龄差异应控制在一定范围内（10岁以内为宜），尽可能按照老带新的方式进行配对；成员之间最好之前有合作基础，互相了解、互相信任，对项目实施充满期待、敬畏心和责任感，能够不分彼此，可以做到实时补位。

（3）团队成员的外在礼仪要求。团队成员的言行会对学员的学习体验带来显著影响，因此团队成员要保持统一规范的着装、发饰和礼仪规范，使用标准化的接待和服务话术，具有较好的亲和力和表达能力，面对各种突发状况和紧急事宜，能够严格按照相关规范和要求平和应对、冷静处理。

如何设计项目实施标准

实施标准设计主要回答学习项目按照什么标准交付实施的问题。影响项目实施交付的因素有很多,在此我们着重介绍流程因素、人的因素和外部环境因素对于项目实施的影响。

流程因素的设计

凡是工作必有流程。目前,国内诸多企业大学和外部专业化的培训咨询机构都建有自己的标准化学习项目交付流程(standard operation procedure,SOP)。SOP 按照学习项目全过程闭环交付管理的思维,将学习项目交付流程拆分为前期筹备、中期实施和后期总结三个关键阶段,然后对每个阶段的核心工作内容进行分场景拆解,逐一明确单一场景中的工作内容、工作时限、交付标准、责任人和监督人等内容,确保将项目的所有关键动作尽可能地纳入流程管控的视线内。如图 6-2 所示,就是我们在做线上学习项目交付实施时,使用到的 SOP 总视图,方便项目团队把控项目实施的全部流程和关键环节。

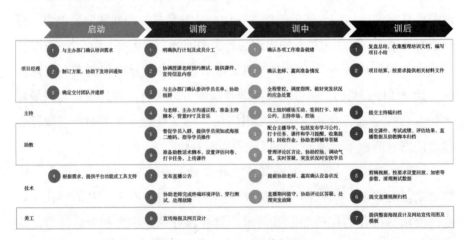

图 6-2 线上学习项目执行 SOP

对于学习发展顾问来说，为了确保项目的完整交付，也需要建立内部学习项目的 SOP，将复杂的工作内容进行准确拆解，分配到具体的人，安排到具体的时间点，明确到具体的标准，这样可以极大地降低项目的交付难度，减少项目实施过程中的沟通损耗，提升项目的交付质量（见表 6-1）。

人的因素的设计

学习项目实施中，人是最不可控的因素，特别是当我们期待可以按照客户的相关要求去遴选项目团队成员时，结果往往和我们的期待都是有差距的。按照绩效改进思维中"先技控后人控"的观点，我们推荐从以下环节去尝试减少人的因素对项目实施结果的影响。

（1）审慎选择项目团队成员。交付团队成员的选择必须足够谨慎，成员之间必须具有一定的信任度，项目经理可以因为自身的专业性影响到项目助理，项目助理也可以因为自身之前的工作经历让项目经理感到可信赖。如果因为人员短缺无法找到合适的人组建团队，那宁可缩减团队规模，也不能把不合适的人纳入交付团队之中。

（2）召开项目启动会。召开有相关领导出席的项目启动会，宣布学习项目正式启动，并利用启动会达到三个目的：一是站在公司层面重申项目的重要性和工作要求，二是公开明确项目团队的内部分工，三是增强项目团队整体的责任感、使命感和敬畏心。

（3）制定项目关键动作管控表。由项目经理根据项目方案和主办方的交付要求，细化项目交付的所有环节，制定"项目关键动作管控表"，将项目全流程交付中的具体工作明确到具体人、具体完成时间、具体完成要求，确保所有事项都有人对接，方便后期的及时跟进、监督和确认。

（4）建立每日复盘制度。由项目经理牵头，项目团队每日进行项目复盘，主要是对当日学习项目交付中的关键事项进行总结，查找问题，提出下一步改进建议；同时对第二天的学习安排进行流程穿越，确认关键事项是否落实到位。

表 6-1 某企业项目标准化交付分解表

项目阶段	项目类别	时间段		关键时刻	关键动作 常规	超常规	工具/表单	项目经理	班主任
获取培训业务	获取培训业务	训前	1	收集盘点客户信息	根据客户年初培训计划，确定客户的培训资源需求			执行	
获取培训业务	获取培训业务	训前	2	评估有价值的客户数	定期主动询问客户需求，匹配资源，供客户选择			执行	
获取培训业务	获取培训业务	训前	3	分析有效客户需求	根据客户层级，优先满足重点班的需求			执行	
获取培训业务	获取培训业务	训前	4	确认有效客户需求	在客户确认培训班资源后，在资源系统中下订单建班		资源预定表	执行	
确认培训业务	确认培训业务	训前	5	进行训前需求沟通与确认	收到培训需求后1个工作日内，与主办方确认培训时间、天数、学员数信息，根据预计人数及培训需求安排教室及住宿（包括住宿地点、单双住等）、商定学员进餐保底数	确认外出参观、合影、教材、奖品、证书等特殊需求	需求确认表、带班通知单	执行	

外部环境因素的设计

外部环境因素对于学习项目的影响往往是突发的，如果处理不当有可能会对学习项目带来重大影响。例如，曾经有企业将学习项目安排在新装修的宾馆内，但当时该宾馆的消防设施尚未经过消防部门的审核，存在严重的安全隐患。后来有学员吸烟不慎引燃了床单导致着火，幸亏扑灭及时，否则后果不堪设想。

（1）学习环境的选择安全第一。线下学习项目的顺利实施必须依赖一定的住宿和场地环境，交通便捷性、住宿餐饮条件、性价比等都是影响学习场地选择的重要因素，但对于学习项目交付来说，安全性始终是第一位的。我们建议主办方尽可能按照安全性、便捷性、一体化和性价比的顺序去选择外部酒店供应商，尽可能选择那些安全性和便捷性都有优势，且可以提供住宿、餐饮、学习活动一体化服务的培训学习基地。

（2）学习环境必须提前体验。项目团队对于学习项目和主办方的交付要求最了解，应该由他们来推荐或遴选相应的酒店。特别是对于外部学习场地，项目团队必须提前以学员的角色去体验报到入住、就餐学习、搭乘交通等关键场景和活动路线等，并根据学员特点和学习项目的实际，对相关的流程提供优化建议。如近两年考虑疫情的需要，我们在很多大型项目中，为学员单设就餐区、单设专用电梯、单独入住特定楼层、安排专车接送，等等。

（3）关键要素必须建立应急预案。项目团队要与外部环境所涉及的各方做好及时沟通，建立项目交付应急预案，包括但不限于消防预案、食品安全预案、学员人身安全预案等。交付预案必须进行宣贯和培训，做到项目团队和相关方全部知晓，如果可以，相关应急预案应在非项目高峰期进行演练（或者至少进行流程穿越），确保预案流程顺畅。例如，为了应对新冠疫情可能存在的交付风险，我们在近两年的所有学习项目设计中都加入了线上学习项目的预案，也都加入了疫情防控的相关预案等。再如，近两年线上学习逐渐为大家认可，但在线上学习项目交付的过程中，必须确保备用网络设备随时可用，以应对临时性突发网络故障的需要。

如何设计项目过程管控

过程管控设计主要回答"学习项目交付过程中的管控跟进"问题。没有有效的过程管控，再好的项目设计和交付要求都只会停留在纸上，而无法产生真正的价值。我们将学习项目的过程管控分为前期筹备阶段、中期实施阶段和后期总结阶段三个阶段。

前期筹备阶段的设计

周密完善的准备是成功的一大半。大量的项目实践一再证明，项目前期的准备越充分，项目的执行过程越顺利，项目的交付质量也越高。相反，简单粗糙的前期准备，也必然带来学员感知上的松散和不重视。

1. 开班环节的设计

开班环节是学员进入学习状态、真正感知学习项目的第一步，直接影响学员对于项目的整体认知。相应级别领导的莅临讲话，签订学习承诺书、制定团队学习宣言等活动形式都可以帮助学员感受到组织对于学习项目的重视程度，进而增强他们的学习责任感和学习动机。如果学习项目中的学习者自带一些"特殊性"，我们还可以在开班环节去增加个性化设计的内容。例如，在某个优秀大学生培养项目中，学员是从全省17个分、子公司近600名入职大学生中选拔出的50名优秀代表，可谓是层层筛选后确定的明日之星。因此在该项目的开班仪式上，我们设计了由相关领导宣读优秀大学生选拔结果的文件，并颁发荣誉证书环节，这样的方式增强了全部学员的荣誉感和使命感。后来的持续跟踪也证明，该项目成为很多学员职业生涯的重要转折点。

2. 师资课程的设计

课程学习是学习项目的核心内容，课程内容的针对性、难易程度等都会直接影响到学员的感知，因此课程设计也是项目管控的核心。项目经理可以通过课程大纲、学员版学习手册等对课程的内容提前进行初步把关，最好请业务部门相关学员进行最终确认。关于师资的选择，在第3章的内容设计部分已经提及，这里就不再赘述。

3. 学习场地的设计

首先是场地布置方面。项目团队要根据授课老师和授课内容的要求，提前确认学习场地的布置形式，例如排排坐、孤岛型或者圆桌型等；提前布置如茶歇区、手机停机坪、学员问题停车场等。学习助理可以提前测试每个位置是否能够看清楚投影、是否方便互动交流等。

其次是氛围营造方面。项目团队可以通过设计海报、横幅、签名墙、特色手办、定制吉祥物等多种方式打造和学习项目主题相一致的学习氛围，帮助学员快速进入学习状态。例如在某公司举办的智慧交通聚能实战学习项目中，项目团队就设计了大幅的机场海报、高铁海报、水运海报等帮助学员快速进入智慧交通的行业氛围。再如某公司举办的新入行员工培训，通过设计"入学第一课""照片框""×××公司，我来了"等活动，帮助学员尽快转换身份，融入学习环境。

最后是设备调试方面。设备调试一般是项目团队最可能忽视的内容，因为大家一般认为设备应该不会有什么问题。但大量的事实证明，很多时候问题往往就出现在我们认为不应该出现的地方，例如音响设备杂音太大、话筒电池没电、老师电脑版本不对、激光笔缺失、音视频无法播放等。因此项目团队必须在学习场地选择时，充分考虑到学习项目对于设备的要求，提前调试到位，并准备备用电池、备用话筒，甚至备用音响设备等。

4. 学习材料的设计

学习材料设计包含了学员学习资料、老师授课资料、学习活动资料、学习转化资料等多个方面的内容。

（1）学员学习资料。在学习项目中，学员接触时间最长、感知最深的往往是学习材料。学习材料的内容和形式可以直接影响到学员的学习感知。好的学习材料不仅在内容上包括学习日程安排表、学习要求、住宿餐饮安排、简版课件、天气状况、周边交通等，而且在形式上还会追求定制logo、统一色调、统一格式等，帮助学员更好地去认识和融入学习项目。

（2）老师授课资料。学习材料还包括授课老师的相关授课材料，这里包括但不限于学员简版课件、大白板、白板笔、大白纸、彩色笔、备用激光笔、扑克牌、积分榜、课堂奖品等；有些老师会准备让学员缓解学习压力的减压球，有些老师会准备各种小手工材料，以方便学员边学边玩等。

（3）学习活动资料。学习活动资料主要是指在学习项目中，项目团队独立负责的学习活动可能会用到的资料，例如任命书、学习分享墙、主持词、开班讲话、团建资料、签到表、满意度调查问卷等。

（4）学习转化资料。学习转化资料主要是指和学习转化相关的资料，包括但不限于随堂测试试题、实操技能环境、汇报总结模板、训后评估建议等，这些都需要在学习材料的准备环节进行提前设计。

5. 学员接待的设计

训前短信提醒。对学员的关注，在他们出发参加学习项目前就已经开始了。一般来说，项目开始前三天，项目团队就可以通过短信等方式告知学员本次学习项目的大概内容、受训所在地的天气状况和学习过程中的特殊设计（如晨练等），提醒学员随身携带相关衣物等，也可以通过提前组建线上学习沟通群，开始进行学习前热身运动，更好地和学员建立情感连接。

安排专车接送。有些学习项目的学员来自全国各地，最好可以安排统一接送站，这样项目团队就需要和接送司机提前做好对接，将接送站话术、接送站礼仪和其他要求等进行培训，确保所有接送标准统一、礼貌规范。

优化接待流程。项目团队要提前做好住宿、学习用品等分配，将学员入住环节减到最少；入住房间里面也可以准备欢迎贺卡、入住简餐等以提升学员的第一感知；还可以将学习材料发放加入接待流程之中，帮助学员快速获知学习的相关要求和安排；还可以在报到前台准备当地的特产购买、周边超市和公交系统等关键信息索引等。

6. 餐饮住宿的设计

目前来看，餐饮住宿往往是学员在项目满意度评估中意见和建议最多的地方。这和项目的交付场地选择、菜品规划、交付场地周遭环境、交通便利性等都有关系，在项目预算相对确定的情况下，餐饮住宿可谓是众口难调，很难做到让所有学员满意。我们认为，学员的餐饮住宿会直接影响到他们的学习感受和课堂表现，主办方理应提供干净、舒适、便捷的餐饮住宿环境，但也绝不苛求去满足所有学员的要求，毕竟学习项目实施的核心还是学习内容本身，而不仅仅是餐饮住宿。

餐饮的准备：项目团队可以考虑不同地域学员的餐饮习惯，考虑不同民族的餐饮习惯，根据不同的餐标设计对应的菜谱，做到菜品丰富、营养均衡。如果项目执行的时间在年度学习项目交付的高峰期，还要做好就餐时间的错峰安排，确保尽可能不因餐饮的问题影响学员的学习体验。

住宿的准备：如果主办方有自己的企业大学或者培训中心，那么安排自己内部住宿是相对便捷的渠道，且方便管理。如果没有自己内部的场地，则需要提前预订相对应的酒店，可根据学员级别、学员数量、学习时长等标准进行三家比对甄选，确保学员的住宿环境干净整洁、安静有序和方便到达。

7. 结营环节的设计

结营环节是整个学习项目的总结环节，一方面可以帮助学员系统总结整个学习过程中的学习内容，感受成长和变化；另一方面也是学员完成课堂学习，走向工作应用的新起点，因此学习项目的结营环节必须进行系统设计，最好可以达到仪式感和获得感并重的目的。

结营环节需要仪式感。项目团队可以通过制作回顾视频、集体合影、颁发结业证书、领导讲话、对标学习目标等方式来设计项目结营的仪式感，让项目呈现龙头凤尾的效果。

结营环节需要获得感。项目团队可以从优秀学员分享、优秀小组和优秀学员表彰、学习成果汇报、后期学习课题落地计划制订、定制化结营奖品等方面去设计学员的获得感，让学员不仅对本次学习充满感知，更对未来其他的学习项目充满期待。

不得不强调的是，结营仪式是整个学习项目中的重中之重。任何结营仪式均需要进行现场彩排，有很多项目经理喜欢在头脑中进行流程穿越，但很多头脑中设想的东西到了项目现场都会出现问题，因此单纯依靠头脑中的流程穿越并不一定能及时发现这些问题，所以建议项目经理在结营环节进行现场的彩排，将各种可能会发生的情况都进行周密考虑，确保万无一失。

中期实施阶段的设计

项目实施阶段是项目最终落地的关键环节，项目团队可以从进度管理、质量管理、宣传管理、评估管理和氛围管理设计五个方面来做好项目中期的实施设计。

（1）进度管理设计：学习项目实施的首要目标是顺利完成，因此项目团队必须严格按照项目设计思路和日程安排，以项目实施进程表为参考，以半天为单位，做好项目的进度管理，确保项目的所有内容都落实到位。

（2）质量管理设计：在任何学习项目中，学员和授课老师、授课环境、授课氛围等都会有一个适应和磨合的过程。在磨合的过程中，项目团队需要随时关注倾听学员的各种学习反应，以便随时和授课老师沟通调整学习内容的进度和难度等，以确保学习目标的顺利达成。这里可选择的形式包括但不限于：课间随机访谈、随堂听课、当天课后随堂测、设置问题停车场、设置学员建议簿等。

（3）宣传管理设计：项目团队不仅要关注项目目标是否达成，也要关注学习项目的外在影响力。好的学习项目通过宣传推广可以带动企业内外部一批优秀的学习项目的产生和运营。项目团队可以通过 H5、短视频、学习云相册、课堂摄影、学习圈点赞积分、文章投稿等各种形式加大对学习过程和学习内容等的宣传，以扩大学习项目的影响力，学习宣传设计的详细内容可参考本书第 5 章。

（4）评估管理设计：学习项目评估需要参考柯氏四级评估要求进行系统化设计。项目团队可以根据学习内容等进行个性化设计，例如设置即时可视化评估测试方式，利用课前学习收获分享、随堂测试、互动提问等，促进学习内容的即时即用，提升学习感知。另外，也可以按照柯氏四级评估的要求完成反应层和学习层评估，使用问卷调查或者纸质问卷等形式对学员的学习过程体验和所学知识的掌握程度进行评估，并督促学员所在部门跟进训后评估工作。

（5）氛围管理设计：好的学习氛围可以促进学员学习结果的达成，项目团队可以通过设计全流程积分榜、小组 PK 赛、知识竞赛、读书分享等活动营造项目学习氛围。

后期总结阶段的设计

1. 深层评估设计

柯氏四级评估的前两层属于学习项目团队可以直接掌控和参与的评

估，但也属于学习结果的较浅层次评估。我们认为，学习结果深层评估的职责应该在学员所在部门，学习发展顾问可以通过以下三个关键步骤协助学员所在部门推进学习结果的深层评估。

第一步：项目团队可以通过输出学习报告、参训报告等形式，将学员在学习项目中的表现，特别是反应层和学习层评估的结果反馈给所在部门，帮助他们较为全面地了解学员的学习表现。

第二步：项目团队可以主动为学员所在部门提供项目学习内容在未来工作中的应用场景和验证标准，帮助所在部门持续督促学员应用学习内容。

第三步：协助业务部门做好学习项目结果的深层评估，并鼓励将评估结果与学员日常考核相结合。

2. 项目复盘设计

项目实施的过程既是已有想法落地的过程，也是创新想法迸发的过程，还是发现项目执行中的各种问题、迭代更新操作流程的过程，因此项目团队必须建立学习项目全过程复盘思维，基于学习项目规模，区别性进行复盘设计，长期项目可以使用如联想复盘模型，短期项目可以使用 4F 工具等。复盘的工具和方法详细参考第 7 章。

3. 资料整理设计

项目资料是组织的无形知识财富，可以持续为组织的发展贡献价值。要做好项目设计也必须做好项目实施资料的整理设计，例如梳理清楚项目资料清单，选择资料的存储形式，建立学习项目资料的管理规范，在条件允许的情况下，可以将学员全流程的学习资料数字化，如果有系统最好上传系统，方便学习项目相关方即时查询和下载存档等。

小结

强化实施设计，确保顺利交付，输出"学习项目实施管控设计表"。

客户方对于实施管控的具体要求	项目团队方面	
	项目流程方面	
	食宿安排方面	
	师资课程方面	
	其他个性化需求	
项目团队组建	项目经理	
	学习助理	
	生活助理	
	其他角色	
实施标准设计	标准化 SOP 流程	
	项目启动会	
	每日复盘制度	
	项目预案	
	学员学习资料	
	学员生活安排	
	教室设施设备	
	授课师资安排	
	其他安排	
实施过程管控	前期筹备阶段	
	中期实施阶段	
	后期总结阶段	
项目复盘设计	复盘安排	
	复盘工具	
	复盘产出	

Learning project design
complete practice

第 7 章

复盘项目成果，沉淀优秀经验

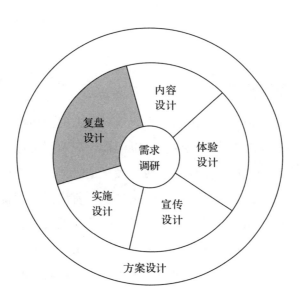

复盘这个词来自围棋，是棋手训练的一种方式，即把棋局的过程重复多遍，主动思考棋局中成功的走步和后期可以优化的地方等。现代企业管理中常提及的"复盘"同棋术中的复盘有相同之处，不同的地方在于前者除了帮助个人积累经验外，更侧重组织知识管理和智慧沉淀。学习项目的迭代更新需要完善的复盘机制。那随之而来的问题就是，学习项目的复盘复杂吗？我们的答案是：不复杂也复杂。不复杂是因为复盘的本质是不变的，复盘的工具和方法都是朴实无华的，只要按照方法去做，项目团队是可以顺利完成复盘动作的；复杂则是因为好的复盘是需要进行系统设计的，要结合项目特点、项目实施的实际、学员状况等统筹考虑，如果有必要甚至要加入个性化的复盘工具，才能确保项目复盘真正达到总结经验、沉淀智慧、引领未来的目的。

何为复盘

什么是学习项目复盘

复盘本质上就是个人或组织有意识地对过去的经历和经验加以审查和反思，从中获得个人或组织成长，以便在今后遇到类似的问题情境时做出正确的决策和快速的反应。联想是最早把复盘作为一种工作方法论在企业中大力践行的，其创始人柳传志曾说：所谓复盘，就是一件事情做完了以后，做成功了，或者没有做成功，尤其是没做成功的，坐下来把当时的这个事情，我们预先怎么定的、中间出了什么问题、为什么做不到，把这个过程要理一遍，理一遍之后，下次再做的时候，自然这次的经验教训就吸收了。

学习项目复盘就是项目团队及时总结项目设计实施过程中的优秀经验和失败教训，沉淀个人和组织智慧，以提升在未来遇到相似情景时的应对能力。原则上，项目复盘是所有学习发展顾问都必须掌握的基础工作方法。但我们身边的复盘场景往往是这样的：学习发展顾问作为学习项目的总负责人，在说明复盘会议主题和目的之后，请项目团队的所有成员逐一发言。虽然说是发言，实际上大家多半是在进行自我检讨，基本都在谈论自己做错了哪些，或者哪些没有做好，最后会变成大家绞尽脑汁地自我批评。以至于到后来，复盘变成了项目团队的一种负担，大家想到复盘的时候更多的是"我哪里没做好"，有些团队成员甚至到了"闻复色变"的状态。

这是项目复盘吗？显然不是！诚然，项目复盘绕不开对项目成功经验和失败教训的总结，但是复盘的本质在于学习成长，而非秋后算账。前者是面向未来的、鼓励的、进取的、令人振奋的，后者是停留在过去的、否定的、苛责的、令人沮丧的。这是复盘新手们经常不自觉掉进的陷阱。例如在前文提及的场景中，我们相信学习发展顾问主观上并非为了事后追责，甚至在会前也申明会议目的不在于追责，但客观结果仍和初衷大相径庭，甚至背道而驰。为什么会出现这样的情况？这固然和企业文化、领导风格等组织特点有关，但具体到某一个项目复盘的时候，复盘是否结构化、是否有方法论的指导则是更直接的原因，而这一点特别容易被忽视。

因此，项目复盘既不是批评大会，也不是吐槽大会，当然也不是一个全凭参与者自由发挥的场景，它应该具有明确的结构和特定的操作步骤。项目复盘不仅需要回顾项目目标与评估结果，也要对差异的原因进行分析，得出经验与教训，这样才算是一次完整的项目复盘。

学习项目复盘的特点

和大多数项目习惯在项目结束后进行复盘相比，学习项目的复杂性、高人际交互性和高体验性等特点使得它的复盘有以下三个特点。

1. 全周期性

全周期复盘是学习项目复盘的最大特点。它是指项目团队要有全周期复盘的意识，在项目的关键节点和关键环节主动进行复盘，及时总结项目前期实施中的经验和教训，规划下一阶段的项目内容等。全周期复盘可根据项目的规模、时长、阶段和重要性等，分为按天复盘、按周复盘、按关键环节复盘等具体形式，例如某集团线上学习项目运营，因为项目涉及学员数量众多、时间长且级别高，项目团队选择按天复盘的形式，而某企业导师制落地运营项目（一年期），项目团队则选择以月为单位进行复盘。

2. 立行立改

立行立改是学习项目复盘的直接价值。学习项目复盘中发现的问题往往和学员的学习体验直接相关，快速行动快速整改就可以最大限度减少问题对于学员的影响，尽可能保障学习目标的达成。例如，在某个学习项目的当天复盘中，我们发现按照原本设计，当晚的课题研讨环节需要完成选题和破题两个内容，但由于学员之间对于课题本身的争议度和理解性有较大偏差，导致当晚仅完成课题的选题工作。基于此，项目团队马上做出调整，将第二天晚上的其他学习内容进行压缩，为课题破题提供充足的时间保障。这里要强调的是，对于学习项目复盘中发现的问题，有很多是无法立行立改的，对于这类问题，项目团队要拿出尽全力协调解决的态度，做好解释工作，以得到学员最大程度的谅解。

3. 原则性与灵活性相统一

在具体实践中，项目的复盘有一些较为成熟的框架和模型，例如联想复盘法等，它们规定了复盘的基础步骤和形式等，是任何项目进行复盘时都可以参考的。但学习项目因其高度以学员为中心，复杂性和特殊性较高，因此既要坚持复盘的基础框架和要求，也要保持一定的灵活性。例如，按照复盘的要求，一般项目团队需要集中起来进行面对面复盘，但我们在某个项目中，因为项目团队同时负责三个并行项目，沟通任务量大，时间也很紧，最终选择利用晚上10点左右的时间进行线上复盘，也取得了不错的效果。

为什么要做学习项目复盘

复盘是提升项目团队整体交付能力的重要工作方法。如果可以养成复盘的习惯，那么项目团队在项目管理中抗风险的能力势必增强，也具备了持续成功的可能。反之，即便某一个学习项目暂时取得了成功，这种成功的好运也可能无法延续。正因为如此，我们需要学习如何对项目做标准化、高质量的复盘，以此保障我们的学习项目能够持续稳定在优质交付的水准。

复盘的本质在于学习成长，学习项目复盘也是如此。这种成长包括个人成长、团队成长和组织成长三个部分，这便是复盘最有魅力的地方，它不是某一方受益，而是从个人到组织的集体受益行为。

1. 项目复盘对于个人的价值

俗话说：读万卷书不如行万里路，行万里路不如阅人无数，阅人无数不如名师指路，名师指路不如自己去悟。复盘就是一种个人"自己去悟"的有效途径。在职场中有个"721"的共识，即成人学习的70%来自在岗工作实践，20%来自与他人交流，10%来自正式教育或者培训（见图7-1）。由此可见，对于职场人而言，掌握复盘的工具和方法，及时高效地从工作中总结经验教训应该成为个人最重要的成长途径。以下是三位学习项目工作人员的心得。

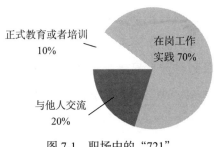

图 7-1 职场中的"721"

在这个项目中，按计划每位嘉宾的分享时间为10分钟，中午12点前所有嘉宾完成分享。但是实际执行中，由于有几位嘉宾的分享材料在我们的设备上无法正常播放，中途多次暂停调试，导致分享时长延长，影响了整个分享活动的流畅性，给参会者带来了不好的参会体验。出现这个问题的主要原因是我忘记提前做检查，为了避免今后出现类似的情况，我认为项目汇报环节需要做到三个"提前"：第一，提前告知分享嘉宾现场的环境，包括场地大小、灯光状况、设备型号等；第二，提前收集并测试分享材料；第三，提前和嘉宾沟通好汇报时间把控的要求。

——学习项目助理　张亚

通过这次项目复盘，我很受鼓舞，再次感谢大家对我开班主持工作的肯定和鼓励。我认为这次之所以能够较好地完成项目开班，主要有三点原因。第一，认真学习项目方案，吃透这次项目的背景、项目目标和项目日程，做到对所有项目细节心中有数；第二，花时间精心准备主持稿，这包括写、改、背三个主要环节，请教公司的优秀项目经理；第三，多练习。我深知自己在公众面前发言的历练少，所以私下我对着镜子练习了很多次，又对着家人练习了很多次，最后还在办公室对着同事们练习了多次。正所谓台上一分钟，台下十年功。我相信如果我每次都这样准备主持工作，我一定能把这项工作越做越好。

——学习项目助理　龚乐

这次课程开发在线训练营，我们的社群活跃度比预想的高了很多，客户反馈说远远超过他们的预期，大家刚才总结的经验，有很多是我没有想到的，让我受益良多。在大家的启发下我还想到如果我们可以把一些通用话术提前排版编辑好，同时提前收集好相关的表情包，作为我们线上项目 SOP 的一部分，那么下次无论谁来负责这项工作，都可以做得又快又好。

——在线学习项目运营官　张萌

根据我们的项目复盘实践，复盘对于未养成反思习惯的员工来说，无疑是非常有益处的，即提供了一个必须反思和总结的场域。同时，我们发现复盘还有一种神奇的魔力，它使得参与者的心态变得更加开放、心胸更加豁达，同时更加追求实事求是、结构性思考、深入分析和坦诚的表达。

2. 项目复盘对于团队的价值

项目复盘对于项目团队主要有三方面的价值：一是提升了团队的整体交付能力。因为持续复盘，个人和团队的整体工作能力增强了，团队的工作能力自然也得到了加强。二是创建了团队内部沟通反馈的平台。复盘参与者岗位不同、工作经验不同、学习能力也会有所差异，俗话说，三人行必有我师，复盘为团队成员提供了相互学习的契机。三是重塑了团队成员间的关系。复盘的过程其实也是团队成员之间建立连接、重塑关系的过程，在这个过程中，大家不再固执己见，不再仅仅站在自己的立场看问题，而是能够从多个角度了解项目全局。这里需要特别强调的是，同复盘带来的经验教训这种明显的价值相比，团队成员之间关系维度的价值则容易被忽视，但这对于一个团队来说确实是非常珍贵的。我们之所以会有如此强烈的体会，源于多次学习项目的真实复盘体验。

我们曾经策划设计过一个针对某企业内部待转岗人员的学习项目。以下是当时复盘会议中的一段对话。

项目助理："这个项目虽然顺利结束了，但是项目效果并没有达到我们的预期。我之所以这样说，主要是因为有些原计划要执行的事情没有执行，或者是没有按要求执行。"

项目经理："嗯，说下具体的事情。"

项目助理："例如原计划要求桌签采用带企业 logo 的打印版，但实际上采用的是空白桌签，学员名字还要学员自己手写上去。再比如原计划项目开班环节，我们要花至少 3 分钟时间隆重介绍授课老师，但执行中用时不超过30秒。类似的情况还有很多。"

项目经理:"班主任作为这些工作的直接执行者,也说说当时的情况吧。"

班主任:"学员名单定稿的时候已经来不及让供应商打印桌签了,所以我就用空白桌签来代替。至于介绍老师的事情,我觉得老师上课时间很宝贵,介绍老师的主要头衔就可以了,应该没有必要花那么多时间。"

项目助理听完班主任这番话,显然无法继续克制自己的情绪,激动地说道:"总共48位学员,45位是提前三天就确定的,只有3位是报到当天确定,至少可以把已经确定的学员桌签制作出来啊!我特意强调要隆重地介绍老师当然是有考虑的啊!"

项目经理赶紧说道:"说说你的考虑。"

项目助理愤愤不平地说:"这些学员都是待转岗的人员,大多数都是被动接受转岗的。他们被动地调到目前的销售岗位,内心其实是很不情愿的,每个人或多或少都是带着负面情绪来参加这次的转岗培训的。我做很多类似桌签这样的设计,就是希望可以更多地照顾到他们的感受,尽量让他们感受到自己是被尊重的、是备受重视的。"

班主任听完后小声嘀咕道:"我真没有想到这个项目还要考虑这些。"

项目经理笑着说道:"太好了,这下大家发现问题所在了!这是好事,可以帮助我们以后更好地去做好工作,但也恰恰说明一个问题,那就是我们平时的相互沟通还是少了。现在的另一个问题是,如果要避免出现类似的情况,我们需要具体怎么做呢?"

班主任抢着说:"我以后要严格按照项目助理的要求完成工作,同时也要多思考各项工作背后的原因。"

项目经理补充说:"是的,知其然还要知其所以然。"

项目助理说:"我下次可以主动向班主任解释我设计每个学习活动背后的思考,这样确实更有利于班主任理解工作从而做好。"

项目经理:"太好了,这样看来,我们以后可以在项目碰头会加一个环节，这个环节包括项目助理讲解项目方案和现场答疑，以便让项目团队对项目有更深入且一致的理解？"大家异口同声地表示赞同。

从上面这段对话，我们不难发现，复盘能够推倒团队成员思维上的墙，让大家的沟通可以从本岗位工作拓展到其他岗位、从工作执行深入到工作思考上，在这个过程中团队成员之间也会加深了解和认同。一句话总结就是，复盘是一种更高级的团建活动，有助于真正提高团队协同作战的能力。

3. 项目复盘对于组织的价值

项目复盘对于员工个人和团队的价值不难想见，但项目复盘对打造组织的学习型文化更有益处。项目复盘对于组织的最大贡献在于有纪律性地进行组织经验的萃取和沉淀。在我们公司，PDCA（plan 计划、do 执行、check 检查、act 处理）早已不是普通的管理工具，而是一种组织的工作文化。在过去，每个学习项目实施完成后，在 PDCA 的 C（检查）环节常常采用的是经验主义，即采用一种完全主观的感性的方式进行反思总结。这种方式既缺乏客观审视和理性思考，同时也很难将经验转换成具体的、可操作的、可复制的、可检验的工作要求和行为规范。后来，我们选择用复盘来替代这种经验主义，我们惊喜地发现，复盘仿佛为 PDCA 添加了翅膀，让我们的工作变得更加高效且结果突出。经过多年的实践，我们自己的学习项目完整 SOP 也得以不断优化迭代，成为组织核心文化的一部分（见表 7-1）。

如何进行学习项目复盘

每一个学习项目结束后，无论是项目的发起人，还是项目实施团队成员，每个人都可以对项目进行复盘，复盘过程中用到的方法和工具也可以因人而异。这样主动的、个性化的、以个人为复盘主体的情境不是

表 7-1 学习项目 SOP 执行流程

项目阶段	项目类别	时间段	关键时刻		关键动作	
					常规	超常规
获取培训业务	获取培训业务	训前	1	收集盘点客户信息	根据客户年初培训计划，确定客户的培训资源需求	
获取培训业务	获取培训业务	训前	2	评估有价值的客户数	定期主动询问客户需求，匹配资源，供客户选择	
获取培训业务	获取培训业务	训前	3	分析有效客户需求	根据客户层级，优先满足重点班的需求	
获取培训业务	获取培训业务	训前	4	确认有效客户需求	在客户确认培训班资源后，在资源系统中下订单建班	
确认培训业务	确认培训业务	训前	1	进行训前需求沟通与确认	收到培训需求后 1 个工作日内，与主办方确认培训时间、天数，学员与主办方人数等信息，根据预计人数及培训需求安排天数、寝室及住宿（包括住宿地点、单双住宿要求等），商定学员进餐保底数	确认外出参观、合影、教材、奖品、证书等特殊需求
确认培训业务	确认培训业务	训前	2	项目立项	1. 添加客商 2. 项目立项 3. 合同起草 4. 合同签订	
确认培训业务	确认培训业务	训前	3	确认日程安排	与主办方沟通确认培训班日程安排，形成最终课程表	
确认培训业务	确认培训业务	训前	4	制作费用预算	资源及培训日程安排确认后，按照公司/客户要求做培训预算，和主办人员沟通确定稿，并确认人均培训费、食宿费	
确认培训业务	确认培训业务	训前	5	确定成本预算	主办方确认成本预算后，通过邮件发送主办方、项目执行人	确认外出参观、合影、奖品、证书等费用
确认培训业务	确认培训业务	训前	6	确定培训变更	若出现培训计划、资源、成本预算的变更，3 个工作日内修改并与主办方邮件确认	需对方邮件确认，方有效

第7章 复盘项目成果，沉淀优秀经验

业务	场景	阶段	序号	动作	说明
实施培训业务	教学场景	训前	1	草拟培训通知	向主办方提供：该培训班报名二维码与报名邀请码，培训详细地址，报名联系人与接站联系人信息，收费标准，报名截止时间等
实施培训业务	教学场景	训前	2	采购	与外部咨询公司签订合同（供应商）
实施培训业务	教学场景	训前	3	与老师沟通课程安排	授课前3个工作日，告知讲师课程名称、上课时间及地点，并获取讲师行程信息、课件
实施培训业务	教学场景	训前	4	准备教材、奖品、证书	按照前期项目经理沟通的教材、奖品与证书发放要求，提前印制教材、购买奖品、制作证书 如出现新需求（奖品等）数量、标准变更），班主任第一时间和项目经理确认，再执行
实施培训业务	教学场景	训前	5	关注领导信息	开班前至少提前1个工作日，与主办方确认到场领导信息，提前拿到领导行程信息，并立即告知公司领导
实施培训业务	教学场景	训前	6	检查设备	开班前至少提前1天，检查教室电脑、投影仪、音响、话筒、空调（包括电池）、灯光等设备正常工作，调试开班PPT及音乐 提前准备并调试录音笔、相机、摄像机等设备
实施培训业务	教学场景	训前	7	提前调试课件	若讲师需用教师机，确保能够正常播放（包括视频、音频、图片、超链接等），提前调试课件，演讲备注等，并审核课件内容（与培训主题是否相符）
实施培训业务	教学场景	训前	8	准备教具	开班前至少提前1天，备好白板及三色白板笔、白板纸、海报纸、白板擦 根据课程需要准备便利贴、彩笔、铅笔、橡皮擦、胶带、A4纸、扑克等
实施培训业务	教学场景	训前	9	布置教室	开班前至少提前1天，根据课程需求摆放合适的桌型（课桌式/互动式），并确认听卡摆放顺序、摆放席卡、饮用水
实施培训业务	教学场景	训前	10	准备资料袋	开班前至少提前1天，准备好培训班资料袋（学员须知、教材、本子、笔、餐券等），放置在报到处 准备好培训班附加资料（吊牌、课程送站单），放置在报到处

我们在这本书中重点讨论的对象。我们这里讨论的复盘,主要是指以团队为主体、有目的、有组织的情境,通常是以引导式会议的形式进行,会后需要输出复盘成果。基于我们多年的实践经验和思考,我们认为以下三种常用的复盘方法实用有效且简单易行,基本能够满足个人和组织复盘会议与成果输出的需要。

三种常用的复盘方法

1. 引导式提问

根据国际引导学院的定义,引导(facilitate)是一种艺术,也是一种科学,它能帮助群体更有效地研讨并做出决策。引导所使用的工具和流程能鼓励大家利用各自不同的背景、价值观、兴趣及能力,做出更高质量的决策,提升团队生产力。总之,引导可以提升人与人之间、群体与群体之间的互动品质,使之更加聚焦成果。引导技术有上百种,引导式提问是引导技术的一种。所谓引导式提问,即指实现他人主动参与、深度思考、自我反思、内部行动等目的的提问方法的集合。这里分享三种常见的引导式提问方法。

(1)图景式提问。

图景式提问是相对于直接提问而言的,其区别在于提问者需要用语言为沟通对象创建一幅画面,借此帮助沟通对象产生一种身临其境的感觉,带着这份感觉深入思考,从而给出较高质量的回答(见表 7-2)。

表 7-2 直接提问与图景式提问的区别

直接提问	图景式提问
你觉得一个优秀的学习项目应该具备哪些特点?	请回顾你曾经参加的所有学习项目,选取让你印象最深的一个,然后思考它的哪些内容深深吸引了你,让你回味无穷? 从这个学习项目延伸开来,你认为一个优秀的学习项目应该具备哪些特点?
你认为复盘的流程有哪些?	想象一下,如果你是一个学习项目的负责人,这个学习项目结束后,你要主持复盘会议,你会如何设计会议流程?

那么如何将直接提问变成图景式提问呢？根据国内著名的引导式培训专家韦国兵老师的思考，主要包括三个关键步骤（见图 7-2）。

图 7-2 直接提问转化为图景式提问三步法

第一步：使用建构图画的词语，引导学员进入思考的状态，唤起曾经的类似记忆和经验，这些词语包括"想象一下""请回想一下""如果你是""当你在""假如你面对"等。

第二步：把问题和场景结合，即采用描述性的语言为沟通对象构建一个和问题相关的画面，帮助沟通对象产生一种身临其境的感觉。

第三步：给出直接问题，最后直接提出想要问的问题，引导学员说出答案。

这三个步骤中最重要的就是第二步，把问题和场景有效结合。怎么做好这一步呢？以"复盘的流程有哪些"这个问题为例，我们可以思考什么情境下需要思考这个问题呢？于是就有了"如果我是一个学习项目的负责人，这个学习项目结束后，我要主持复盘会议"这个情境，最后结合步骤一和步骤三，就能形成一个完整的图景式问题。再比如以"同参训学员的沟通中，哪些因素容易成为沟通的障碍"为题，我们思考什么情境下需要思考这个问题呢？我们想到学习助理有的时候觉得自己把学习日程和纪律要求给学员讲得很清楚了，但是学员还是会不停地在学习群提出相关问题，让人感觉特别烦躁；我们还可能会想到学员签到环节，有学员要为其他学员代签，被学习助理阻拦后，仍然置若罔闻，让人感觉气愤又委屈等。除此之外，我们可能还会想到很多其他的场景。采用图景式提问则可以是："请回想一下过去半年中，在你和同事的沟通中，有没有让你感觉到愤怒、委屈、烦躁和无奈的事情。造成这些感受的可能不是工作内容本身，而是沟通方式。那么我们同学员的沟通中，哪些因素容易成为沟通的障碍？"

（2）上堆下砌式提问。

上堆下砌式提问包含了两种提问技巧，一种是上堆式提问，一种是下砌式提问。上堆式提问是为了帮助沟通对象找到问题背后共同的意义、共识和深层次的需要，特别适合厘清团队目标、增强内在动力和意愿、帮助团队快速达成共识。下砌式提问则是针对沟通对象话语中概括性描述、主观性结论或观点发力，借用5W2H的结构来提问，引导对方提供更多的、更具体的信息，让沟通内容更加符合客观情况，从而做出全面和理性分析。下砌式提问特别适用于挖掘细节信息、确定事情真伪和理解对方观点（见表7-3）。

表7-3　上堆式提问与下砌式提问

上堆式提问	下砌式提问
这个工作对你来说有什么样的意义？	你说自己沟通能力不足，有哪些具体表现？
这样做的目的是什么？	项目执行中有学员突发疾病，我们要怎么应对？
你期望自己三年后最理想的状态是什么？	为什么我们要安排团建活动？
这个项目对你来说有什么样的价值？	参加项目开班仪式的领导有哪些人？
你想成为什么样的学员？	培训具体在哪个教室？

（3）漏斗式提问。

在一次学习项目复盘会议中，负责对接客户的市场经理和负责项目落地执行的项目经理有过这样一段对话。

市场经理：客户跟我反馈，认为我们做培训项目很专业。

项目经理：我们的哪些工作让客户感到我们很专业呢？

市场经理：像教室场地布置、学习氛围营造、开班典礼和结业典礼的主持、课前课后的小活动等细节，客户都能感受到我们具有丰富的学习项目设计和实施经验。

项目经理：看来客户很重视工作细节，并会借此评判工作的专业性。

以上这段对话中，项目经理采用的就是漏斗式提问（见图7-3），即当听到沟通对象给出一个评价性的表述时,通过提问去挖掘支持这个评价的事实依据,从而能够推断出对方的评价标准。

通过上面的例子我们不难看出,漏斗式提问非常有利于了解客观情况,并且有助于推测对方评价标准乃至价值观。这一点对于复盘来说是非常有价值的:它让我们可以更加深入地认识团队伙伴和合作客户,从而指引我们更全面地看待团队合作中出现的各种问题,帮助我们判断服务客户过程中的主要原则和关键动作。

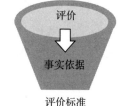

图 7-3　漏斗式提问

2. 鱼骨图法

鱼骨图是一种简单有效的可视化问题分析工具,由日本管理大师石川馨先生所发明,故又名石川图。借用鱼骨图我们既可以针对某个问题分析原因,也可以针对某个问题进行反向复盘。

(1)问题型鱼骨图。

问题型鱼骨图的鱼头在右、鱼尾在左,鱼头处写上待分析的问题,脊椎就是导致问题发生的影响因素。复盘过程中想到一个要因,就用一根鱼刺表达,把能想到的有关事项都用不同的鱼刺标出,然后再逐步细化(见图 7-4)。各要因之间不存在原因关系,而是结构构成关系,通常会从人员、过程、环境、渠道、内容、管理六大方面来分析。

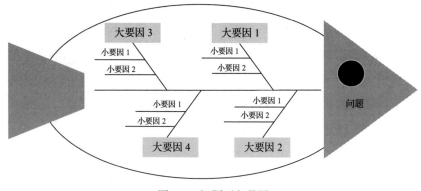

图 7-4　问题型鱼骨图

（2）决策型鱼骨图。

决策型鱼骨图的鱼尾在右、鱼头在左，鱼头处写上目标，脊椎就是目标达成过程的所有步骤与影响因素，想到一个措施，就用一根鱼刺表达，把能想到的有关事项都用不同的鱼刺标出，然后再逐步细化（见图7-5）。

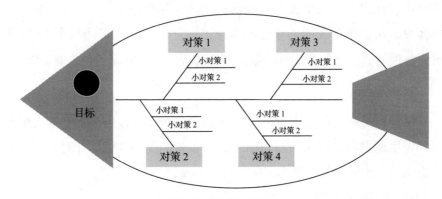

图 7-5　决策型鱼骨图

鱼骨图用分解的思维让问题分析解决的过程可视化、清晰化，是学习项目复盘的必备工具之一。用好鱼骨图可以帮助项目团队找准原因、明确现状、共创对策、落地计划，有效地提升项目的管理质量和管理效率。

3. 4F 动态引导反思法

4F 动态引导反思法（见图 7-6）来源于英国学者罗贵荣（Roger Greenaway）提出的"动态回顾循环"（Active Reviewing Cycle）引导技巧，他归纳出四个 F 的提问重点：Facts（事实）、Feelings（感受）、Findings（发现）、Future（未来）。同时以扑克牌的花色说明反思的内涵，并依照扑克牌的次序，发展出引导学员从经验中学习的模式。这是我们最为推崇的项目复盘工具，具体如下。

（1）Facts 事实（方片）。

用方片代表事实有很多面，透过不同角度，引导参与者观察和描述不同客观事实，刺激产生更多元的角度。

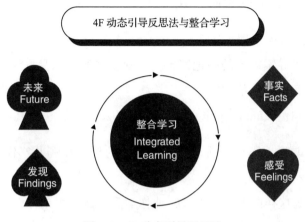

图 7-6　4F 动态引导反思法

引导问句：What do you see/hear?

- 你看到了什么？你听到了什么？发生了什么事？在何时？在何地？
- 我们/你做了些什么？花了多久？印象中最深刻的事是什么？
- 对你的态度和行为影响最大的是什么？我们是如何解决问题的？
- 已经完成的部分是什么？未完成的部分是什么？
- 用 5 句话描述故事……

（2）Feelings 感受（红心）。

红心代表个人的感觉和情绪，唤起参与者对客观事实的情绪、感觉和联想。

引导问句：How do you feel?

- 你有什么感受？列出五个感受关键词。
- 这是什么感觉？有什么不同的感觉？什么让你感觉有趣、惊讶、沮丧、鼓舞？
- 在这个过程中，你经历了哪些情绪起伏？

- 什么时候你觉得参与最多或最少？这让你想到什么？
- 你觉得谁在经历相同／不同的感受？

（3）Findings 发现（黑桃）。

黑桃代表寻索内心的一把铲子，从众多事实、感受反应中抽丝剥茧，进行含义、意义和价值归纳。

引导问句：What do you find/learn/realize?

- 这个课程（影片、活动、文章等）的核心在哪儿？你归纳出哪些重点？为什么？
- 你认为这样的做法好不好？让你学到什么，得到什么新的感悟？
- 为什么没有作用？我们／他是如何成功的？
- 是什么让你有这种感受？为何会出现这样的结果？
- 什么原因使你这样认为？
- 你的发现对我们团队有什么影响？
- 如果再有机会，你会怎么做？

（4）Future 未来（梅花）。

多瓣的梅花代表多维度的前瞻思考，思考如何把经验转化并应用在未来的生活中，包括行动计划、未来预测、可能性思考、选择描述。

引导问句：What shall you do next?

- 你要如何应用所学？
- 你觉得有哪些机会和可能性？
- 你想做什么改变？
- 你会采取什么行动计划或学习计划？
- 打算做出什么改变？
- 预期产生什么价值？

学习项目复盘的产出

1.项目改进计划

项目复盘的重要作用在于"以此为鉴",最终需要将复盘出来的经验教训转化为具体的改进计划。对于成功经验,可以萃取成可复制、可操作、可检验的规定动作,以用于后期的复制推广;对于失败的教训,则需要将复盘中提出的改善意见等通过改进计划来逐步落地(见表 7-4)。

表 7-4 项目改进计划表

序号	改进事项	负责人	起止时间	预期成果	重要程度	紧急程度

2.项目复盘画布

复盘画布是复盘结果的另一种可视化呈现方式,是来自《复盘教练》中的核心工具其内容包含了回顾目标、评估策略、反思过程、总结规律四个部分(见图 7-7)。对于短期的学习项目,我们可用联想复盘四象限表格进行呈现;对于周期长、流程复杂的项目,我们可以采用项目复盘画布进行呈现。值得注意的是,在运用这些工具的初期,我们肯定是比较教条的,有可能只是完全套用工具,不懂得变通。但多次使用后,我们必然会变得游刃有余,毕竟所有的工具都应该成为我们工作的帮手而非束缚,我们完全可以也有能力结合项目团队和项目实施情况进行灵活调整。

3.项目复盘报告

项目复盘报告是项目复盘结果最为正式的展示形式,是项目复盘成果的文字化体现,适合较为正式的汇报场景。复盘报告一般分为项目基本情况、项目目标、项目实施反思、经验和教训四个部分。

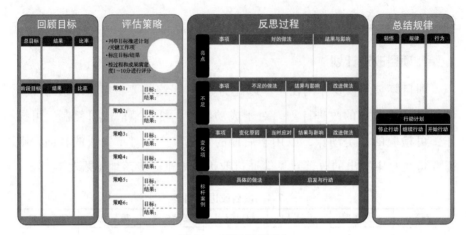

图 7-7 项目复盘画布

学习项目复盘实践

如何对短期学习项目复盘

我们一般将培训周期小于或等于 2 周的学习项目定义为短期学习项目，结合我们的复盘实践经验，分享某新员工入职学习项目复盘的案例。

| 实例 |

某企业新员工入职训练营

□ **项目简介**

为增进新进高校毕业生（简称新员工）对于公司企业文化的深度认同，提升新员工的岗位知识和操作技能，增强新员工的归属感和忠诚度，促进新员工快速融入企业，特开展为期 2 周的新员工入职训练营。训练营采取半军事化、封闭式管理，参训人数为 210 人。

□ **复盘实施**

新员工入职训练营结束前，学习发展顾问对该项目进行了如下的复盘设计（见图 7-8），以期更为高效地带领项目团队完成复盘工作。

明确复盘目标 ➡ 设计复盘流程 ➡ 设计关键话术 ➡ 呈现复盘成果

图 7-8　项目复盘设计示例

复盘目标包括感性目标和理性目标。感性目标可以让团队成员体验到成就感、收获感、目标感；理性目标是通过复盘检验项目目标的达成状况，聚焦目标与实施现状之间差距，分析差距形成的原因，总结项目经验和教训，为后期类似项目提供具体的、可操作的行为指导。

复盘会议计划 3.5 小时，中途休息 15 分钟（见表 7-5）。

表 7-5　复盘会议计划表

序号	计划时长	内容	主要工具/方法
1	14:00～14:05	开场：明确复盘目标和规则	
2	14:05～14:15	回顾目标	引导式提问
3	14:15～14:45	评估结果	引导式提问
4	14:15～15:00	中场休息	
5	15:00～16:00	分析原因	鱼骨图+引导式提问
6	16:00～17:00	总结经验教训	团队共创+ORID
7	17:00～17:30	成果可视化	复盘成果画布

关键话术设计包括针对复盘关键流程的话术设计，以及针对项目个性化关键问题的话术设计（见表 7-6）。

表 7-6　复盘会议关键话术清单

序号	内容	关键话术
1	开场：明确复盘目标和规则	● 大家好！欢迎大家参加新员工入职训练营项目复盘，复盘的目的在于学习和成长，让我们这次的工作经历能够真的变成我们的工作经验……复盘的流程是……会议的原则是……
2	回顾目标	● 项目目标大家是否清楚？ ● 项目目标是什么？
3	评估结果	● 请大家回想一下，为了检验和评估项目目标完成情况，我们在项目策划阶段进行了哪些设计？ ● 每个设计对应的结果如何？

（续）

序号	内容	关键话术
3	评估结果	• 这些结果是否符合预期？ • 哪些差距特别突出？
4	中场休息	播放该项目回顾视频（非为复盘单独制作，训练营成果输出之一）
5	分析原因	• 我们将采用鱼骨图帮助我们进行原因分析，鱼骨图是……流程是……绘制方式是……对于这个工具，大家还有哪些疑问？ • 想象一下，如果你是参训学员，每天在晨练、各类课程、多项课外活动中学习和生活2周，每天都要面对理论考试的状态，你觉得哪些因素会影响你的学习体验？ • 客户说主题调研对他们很有价值，那么具体有哪些价值呢？ • 集体生日并没有取得我们期待的效果，我们策划集体生日的目的是什么？集体生日对于这些学员的意义是什么？
6	总结经验教训	• 首先我们用十分钟的时间回顾上半场的内容，请大家思考上半场中哪些内容让你印象深刻？听到这些内容的时候你有哪些感受？又有哪些思考？基于这些思考我们可以有哪些具体的行动？ • 我们将采用团队共创的方式总结经验教训，团队共创是……其步骤是……原则是……大家还有哪些疑问吗？
7	成果可视化	• 按照惯例，我们每个人都发表下参会小结，请大家用4F…… • 各位，请大家看看这满墙的复盘内容，不知道大家此刻的心情如何，我自己是既骄傲又充满信心的。骄傲是因为……充满信心是因为……

□ 复盘成果

项目复盘可以让项目团队全员收获满满，这种收获既有心理层面的，例如较为圆满完成项目的成就感、工作方式被认可的荣誉感、得到他人启发的获得感等，也包括了有效的工作经验层面的，例如好的沟通话术、书面文案、数据分析技巧、活动设计的底层逻辑等（见表7-7）。

表7-7 复盘成果表

项目目的	亮点
1.认同和融入企业，了解公司历史……	1.学员结业考试平均分8.3分，高于目标0.3分

(续)

项目目的	亮点
2. 实现角色转变，明确新进高校毕业生角色定位…… 3. 掌握企业要求和规范，牢记公司的基本规章制度…… 4. 提升岗位胜任能力，掌握岗位工作所需要的基本知识和技能……	2. 岗位技能和职业素养类理论考试平均分 8.8 分，高于目标 0.3 分 3. 所有学员均新增微信好友 10 人以上，其中 50% 的学员新增微信好友 25 人以上 4. 学员满意度调研平均分 8.9 分，高于目标 0.9 分 ……
项目目标	**不足**
1. 学员反应层评估 4.8 分以上（5 分制） 2. 学员结业考试平均分 8 分以上（10 分制） 3. 企业文化、历史及相关制度类理论考试平均分 7.5 分以上 4. 岗位技能和职业素养类理论考试平均分 8.5 分以上 5. 行业发展和行业技术类理论考试平均分 7 分以上 6. 60% 以上的学员，人均新增微信好友 10 人以上 7. 学员满意度调研平均分 8 分以上 ……	1. 学员反应层评估 4.5 分，低于目标 0.3 分 2. 企业文化、历史及相关制度类理论考试平均分 7.1 分，低于目标 0.4 分 3. 行业发展和行业技术类理论考试平均分 6.2 分，低于目标 0.8 分 ……
经验和规律	**成功的关键因素（主观/客观）**
1. 围绕项目目标制定的学习目标要符合 SMART 原则 2. 项目设计要始终围绕项目目标和学员画像展开 3. 项目内容设计要符合成人学习的科学规律 4. 训前对授课老师及其课件必须严格把控并加强与老师的沟通，让老师充分了解学员情况 ……	**客观原因：** 1. 学员以本科和硕士为主，具备较强的学习能力 2. 企业高管多次站台，提升学员士气和荣誉感 3. 分享嘉宾有趣有料 4. 学员充满朝气，多数乐于交友，才艺傍身 5. 职业技能和素养类课程的师资具备丰富的商业授课经验 6. 大型国企，品牌效应 …… **主观原因：** 1. 提前做好学员画像，学习活动进行定制化设计 2. 围绕学习内容在不同时间节点，采用不同复习方式强化记忆

（续）

经验和规律	成功的关键因素（主观/客观）
1. 围绕项目目标制定的学习目标要符合SMART原则 2. 项目设计要始终围绕项目目标和学员画像展开 3. 项目内容设计要符合成人学习的科学规律 4. 训前对授课老师及其课件必须严格把控并加强与老师的沟通，让老师充分了解学员情况 ……	3. 每天公布学员个人学习积分和考试成绩 4. 结业考试前，针对关键内容制作和发送学习知识卡片 5. 提前做好学员画像，各类课外活动从主题到流程都进行定制化设计 6. 对职业技能和素养类课程师资的年龄、经历、授课经验、口碑、授课风格等进行全面和严格的把控 7. 同职业技能和素养类老师提前做好随堂测试内容的沟通
行动计划	失败的根本原因（主观/客观）
开始做： 1. 聘请内部讲师授课时，无论讲师的职位高低，均需要将学员画像同讲师进行沟通；提前查阅课件，了解讲师授课方式和风格，并提供针对性的建议 2. 将项目简介、场地布局、特殊情况等内容加入《学员须知》 …… 停止做： 1. 减少军训时长和难度 …… 继续做： 1. 提前收集学员基本信息，做好学员画像 2. 严格执行考勤管理制度 3. 结合公司发展战略拟定项目主题 4. 精心设计和制作与学习氛围相关的物料、规则和活动	客观原因： 1. 项目期间，周边施工工地产生的噪声对学员的学习和生活产生一定影响 2. 同期有多个其他学习项目实施，进餐人数较多，排队时间较长 3. 部分内部讲师的课件未更新，讲师授课方式单一，风格不适合年轻人 4. 部分学员专业不对口，对于行业相关知识毫无基础 5. 行业专业技术知识理解有一定难度 …… 主观原因： 1. 未考虑到周边施工对项目的影响 2. 食堂菜品供给的速度没有根据进餐人数进行调整 3. 缺乏对内部讲师授课能力和课程内容的把控，尤其当内部讲师是领导的时候，没有主动提供授课建议 4. 未同内部讲师就学员画像进行沟通，导致部分内部讲师对学员情况一无所知 ……

如何对长期学习项目复盘

我们一般将培训周期大于2周的学习项目定义为长期学习项目，这类项目通常是以季度或年度为周期开展，分阶段实施。这里我们分享某长期学习项目案例。

| 实例 |

某企业后备骨干人才年度培养项目

□ 项目简介

为适应某公司转型升级和运营发展的需要，加快管理干部队伍年轻化步伐，加强转型人才培养储备，充分发挥后备骨干人才的引擎作用，有效支撑公司转型发展，某公司决定启动后备骨干人才年度培养项目，参训人数为 45 人。

□ 复盘实施

在这个项目中，复盘分为项目阶段性复盘和项目总复盘，即每个阶段结束后项目经理都会召集项目团队针对该阶段的项目开展工作进行复盘，同时在所有项目任务完成后，针对整个项目完成情况再进行复盘。阶段性复盘的基本流程和关键话术可参考短期学习项目复盘流程，项目总复盘和阶段性复盘相比，流程要略显复杂一些，通常需要花费一天的时间，总复盘不仅是汇总阶段性复盘的成果，更是在阶段性复盘的基础上进行查漏补缺和深度挖掘（见表 7-8）。

表 7-8 项目总复盘计划表

序号	计划时长	内容	复盘工具/方法
1	09:00～09:10	开场：明确复盘会议目标和规则	在复盘过程中会大量地运用引导式提问、团队共创、ORID、5WHY 等工具与方法
2	09:10～09:30	回顾项目总目标和阶段性目标	
3	09:30～10:30	回顾总目标和阶段性目标的完成情况	
4	10:30～12:00	回顾围绕目标采取的策略与结果	
5	12:00～14:00	午休	
6	14:00～14:30	回顾项目亮点与不足	
7	14:30～15:30	回顾项目中的突发情况与解决措施	
8	15:30～16:30	萃取项目中的优秀案例	
9	16:30～17:00	总结规律	
10	17:00～17:30	制订行动计划	

☐ **复盘成果**

该学习项目复盘内容较多,并应主办方要求作为项目交付成果之一,供其培训人员参考和学习。在获得主办方同意后,这里选取部分内容以飨读者(见表7-9)。

表7-9 总复盘成果表

回顾目标	
总目标	完成情况
经过一年持续淬炼,打造一支党性过硬、素质过硬、能力过硬、担当过硬的专业化高水平后备干部队伍	1. 45位后备干部中43位的成长得到其直接领导的高度认可,平均分为4.6分(5分制),2位被取消后备干部资格 2. 输出优秀工作案例88个 3. 全员通过党性和管理理论考试,平均分91.2分(百分制) 4. 13位学员在年内获得岗位或岗级晋升 ……
阶段目标	完成情况
第一阶段:提升后备干部管理自我的能力,包括掌握自我激励、自我角色认知、自我目标和时间管理、自我心智管理的相关理论知识和基本工具与方法	1. 自我管理相关理论测评,前测平均分55分,后测平均分92分,提高37分 2. 积累沉淀自我管理相关工具实践优秀案例15个 3. 全员通过阶段性学习答辩 ……
第二阶段:提升后备干部管理他人的能力,包括掌握沟通、辅导与教练、情绪调节、团队高效执行的基本理论和常用工具与方法等	1. 管理他人相关理论测评,前测平均分57分,后测平均分91分,提高34分 2. 管理他人相关工具实践经验分享(直播)66场,观看人次为10889 ……
第三阶段:提升后备干部管理团队的能力,包括掌握战略解读与落地、团队激励、财务管理、创新思维的相关理论和基本工具与方法等	1. 管理团队相关理论测评,前测评分为42分,后测平均分73分,提高31分,后测平均分未达预期(预期80分) 2. 9个小组中,5个业务难题解决方案获得公司领导和专家团审核通过,4个未通过审核,其中2个措施过于笼统,缺乏具体的、清晰的、可检验的行动计划,2个缺乏团队管控部分内容,落地保障不足。通过数量未达预期(预期6个) ……

(续)

评估策略	
策略 1	目标
根据每个阶段的培养目标，开展前测和后测，并及时公布测评结果，测评均采用闭卷的方式进行	1. 提高学员对课程学习的重视程度和投入度 2. 引导学员复习，强化记忆，巩固课堂学习效果 ……
	结果
	1. 后测平均分均高于前测平均分 30 分以上 2. 请假半天以内共 3 人次，半天以上 0 人次 ……
策略 2	目标
邀请学员通过直播的形式，分享管理他人的相关工具和方法的实践经验。项目团队负责对直播进行包装和宣传，包括直播海报设计、多渠道造势等内容	1. 输出是最有效的学习方式，可借此帮助学员强化记忆，引导深度思考 2. 帮助学员建立非职权影响力 ……
	结果
	1. 管理他人相关工具实践经验分享（直播）66 场，10889 人次观看 2. 18 人被领导邀请参加省级内训师竞聘，其中 2 人直接被评定为省级内训师 ……
策略 3	目标
建立学习档案制度，并发布学习档案阶段性小结	1. 帮助学员保持对学习项目的关注度、积极完成相应的学习任务 2. 作为反映学员学习态度、展现学习成果的渠道之一 ……
	结果
	1. 学员各项学习任务均按高要求完成 ……

反思过程			
	事项	好的做法	结果与影响
亮点	提供测评报告	1. 提供个人和团体的测评报告 2. 个人报告仅对个人公开，团体报告对全员公开 ……	1. 学员发现自身不足，学习目标感提高 2. 公司领导看到学员的整体情况，提高对项目的支持力度 ……

(续)

反思过程			
	事项	好的做法	结果与影响
亮点	学习社群运营	1. 各小组轮流负责社群运营工作，项目实施团队对其赋能并提供详尽的工作指导 2. 围绕学习内容，不定期在群内分享相关的短视频、软文、电子书等 ……	1. 社群始终保持较高活跃度 2. 学员通过群内交流，增进了友谊 3. 学员有机会展示海报制作、POP制作等软技能 4. 拓宽了学员的视野 ……
	事项	不足的做法	结果与影响	改进做法
不足	第三阶段后测组卷	1. 后测组卷沿用前期惯例 ……	1. 学员反应后测题目难度较大 2. 后测平均分低于预期 ……	1. 后测组卷需要结合学员前测情况，在题目难度上进行调整 ……
	……			
	事项	变化原因	当时应对	结果与影响	改进做法
变化项	两位被取消后备干部资格	公司领导临时要求增加淘汰制	1. 制定淘汰制规则 2. 编辑通告话术，做好解释工作	1. 两位学员被淘汰 2. 学员整体情绪平稳，部分学员表现紧张和焦虑 ……	1. 提前和领导沟通是否采取淘汰制 ……
	外出参访被迫取消	参访公司更新了公司内部防疫管控要求	1. 编辑公告话术，做好解释工作	1. 学员整体表示理解，略显失望	1. 分别在参访前5天、前3天和参访公司对接参访事宜，及时了解情况做好应对

(续)

	事项	变化原因	当时应对	结果与影响	改进做法
变化项	外出参访被迫取消	参访公司更新了公司内部防疫管控要求	2. 调整日程安排，增加室内K歌比赛……	2. K歌氛围非常好，但是上台唱歌总人数占比不高，约为30%……	2. 新增活动可邀请班委参与讨论，共同确定 3. 文娱活动要选择参与面广、门槛低的活动……

	具体做法	启发与行动
标杆案例	【案例一：在残酷的淘汰中保留人文关怀】 淘汰名单确认后并未直接公布，而是发了一个预通知，即通知将引入淘汰机制，大家可以根据自身情况选择继续参训或主动退出，主动退出需做好解释说明，同时和待淘汰人员进行一对一沟通。最终待淘汰者以主动退出的形式被淘汰。案例详情略……	1. 学习项目管理过程中，做好主办方和学员之间的沟通桥梁 2. 始终坚持以学员为中心的学习项目设计原则，重视每一位学员的参训体验……

总结规律

顿悟	规律	行为
1. 学员对课外活动策划和组织的热情比我们想象的要高，我们可以邀请学员一起共创学习项目 2. 学员熬夜完成作业，主动绘制和分享学习笔记，学习的主动性超出我们的期待……	1. 如果课外活动由学员主导策划，广泛征求学员的建议，积极参与活动的学员就更多，实施效果也更好 2. 学习考核形式、考核结果应用等内容越明确，学员的学习自主性就越容易被激发……	1. 对于长周期、学员以青壮年为主的学习项目，训前建立微信群、线上组建班委、召开班委会、策划课外活动……

行动计划

停止行动	继续行动	开始行动
1. 业务问题解决方案提供固定的汇报模板……	1. 训前5天建线上学习群，每天定点发送和学习项目相关、形式和内容各异的信息，充分预热 2. 晚上9点后为学员提供水果、泡面、点心、咖啡等茶歇……	1. 编写课外活动策划模板 2. 建立外出参访方案库 3. 建立户外拓展方案库……

小结

复盘项目成果，沉淀优秀经验，输出"学习项目复盘设计表"。

设计内容	具体选项	注意事项
复盘参与人员	□ 项目团队全体 □ 项目团队关键人（项目团队人员较多时）	
复盘形式	□ 每日复盘 □ 每周复盘 □ 项目总复盘	
复盘地点	□ 教室 □ 固定会议室	
复盘时间	□ 每日晚间 19:00～20:00 □ 每日上午 09:30～10:30 □ 项目结束后三天内	
复盘时长	□ 30 分钟左右 □ 1 小时左右 □ 3 小时左右	
复盘工具	□ 引导式提问 □ 4F 动态引导反思法 □ 鱼骨图法 □ 其他方法	
复盘问题清单	以单独文档呈现	
复盘议程	以单独文档呈现	
复盘成果	□ 当日/当周工作总结 □ 项目总结报告 □ 项目后期改进计划	

Learning project design
complete practice

第 8 章

输出项目方案,赢得资源支持

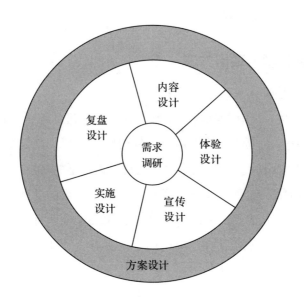

我们曾经访谈过众多的学习发展顾问，询问大家在日常学习项目设计运营中最头疼的事情是什么？项目方案设计竟然排在了第一位。大家的共性反馈是，设计一份令领导满意、业务部门满意且又在预算范围之内的项目方案并不容易。诚然，项目方案是学习项目所有隐性思考的文字化载体，是项目干系人进行讨论、决策、实施和复盘的重要依据，也是最终进行项目效果评估的显性标准。项目方案的质量会直接影响到项目立项、领导决策、项目实施和结果评估等工作。可以毫不夸张地说，好的项目方案就是学习发展顾问的作品，是学习发展顾问专业能力和综合能力的集中体现，需要反复打磨和持续优化才可能成形。好的方案要想得到各方的认可和支持，也离不开学习发展顾问良好的演讲汇报能力。

项目方案设计七要素

什么是优秀的学习项目方案

优秀的学习项目方案有以下几个特点。

（1）定制化。所有的项目方案都是在认真调研和综合分析的基础上，为解决组织具体的业务或管理问题，针对特定目标、特定群体和特定问题进行的个性化设计。定制化是学习项目最为典型的特点。

（2）结构化。优秀的项目方案会深入剖析组织的业务问题、分析原因，并提出解决方案等，思路结构清晰、相关论证明确有力、内容设计有理有据，让人看过之后有逻辑严谨、说服有力和醍醐灌顶的感觉，对于后期的执行结果充满期待。

（3）产品化。优秀的项目方案是学习发展顾问的作品，是学习发展顾问个人专业能力和综合能力的集中体现。在学习内容匹配恰当之外，学习项目方案在外观上排版精美、形式多样、文图结合等也是必须关注的特点。

（4）聚焦化。学习项目聚焦组织内部业务或管理问题解决，有着明确的项目目标，因此项目方案也必须聚焦项目目标，严格匹配学习内容、学习活动和学习形式等。

项目方案的制订流程

学习项目方案的设计以前期严谨细致的调查分析为基础，结合相对标准化的框架模板来完成。基于多年学习项目设计的经验，我们将项目方案的设计过程分为五个关键步骤，分别是搭建框架、整理信息、形成初稿、完善校正和复审定稿（见图8-1）。理论上，只要用好这五个步骤并多加练习，学习发展顾问就可以设计出较为满意的项目方案。

图 8-1　项目方案制订五步骤

搭建框架指的是基于解决组织具体业务或管理问题的现状，搭建项目方案的整体框架。学习项目有繁有简，业务问题也有易有难，但项目方案有较为统一的标准化框架，学习发展顾问完全可以使用标准化框架进行灵活创新、输出方案。例如，因为学习内容多、学习时间长、管控要求高等特点，设计长周期学习项目方案时要求内容全面细致、管控措施全面到位、预案备案充分合理，但如果仅仅是 2 天左右的短时学习项目，则完全可以更加简洁，将主要内容涵盖到位即可。

整理信息指的是收集整理项目方案设计所需要的各种素材，包括需求调研、数据分析、内容匹配、形式创新、活动设计和过程管控等。信息整理是项目方案设计的基础，更是项目方案设计的关键，信息整理分析得越全面、越深入，项目方案的针对性就越强，越容易聚焦。

形成初稿指的是将信息整理环节所收集到的相关资料进行有效的分类后，系统性地填充到前期搭建的方案框架内，完成项目方案的初稿设计。在形成初稿的过程中，我们坚持先完成后完美的原则，先使用已有资料将方案的整体框架填充完整，再重新聚焦项目目标进行系统性的优化和补充。

完善校正指的是学习发展顾问投入时间和精力优化项目方案初稿，确保项目方案达到领导和相关部门的要求。完善校正是一个反复多次的过程。俗话说，好文章"三分写七分改"，项目方案修改也是如此，学习发展顾问必须做好花更大的精力来修改和优化方案的思想准备。

复审定稿指的是学习发展顾问按照内部审核流程，交叉互审并最终提交方案定稿。任何一个项目方案都应该有主要负责人，也应该有其他参与者，主要负责人完成方案的初稿写作和完善校正后，其他参与者需要对方案进行交叉复审，复审内容包括项目目标是否明确、内容设计是否合理、学习活动是否完备、项目预算是否达标等。

优秀学习项目方案七要素

项目方案是学习发展顾问对于具体业务或管理问题的解决方案，体现了参与者的系统思维和结果思维。我们认为，一个完整的学习项目方案至少需要具备七个核心要素，分别是项目标题、项目背景、项目目标、项目视图、项目运营、项目预算及项目附件。

结合前面讲到的五个步骤，进一步去分析这七个要素，我们会发现，完成项目方案设计并不难，它其实就是按照我们前面章节的具体内容进行框架填充的过程。也就是前面六章的素材准备越全面、分析越深入、结论越精确，方案成稿就越高效，质量也越高。

1. 项目标题

项目标题是对项目核心内容的高度提炼，是项目给人的第一印象。简洁清晰的项目标题可以让学员第一时间清楚项目的学习对象、学习内容等。项目标题一般由主标题和副标题两个部分构成，其中主标题就是学习主题，一般来说学习主题所选字眼能够紧贴需求与痛点、凸显项目的格调和特点，传递力量与信心、鼓舞干劲与士气。学习主题如何拟定在第 3 章有详细介绍。

副标题则更多的是说明项目的学习对象和项目需要提升的关键能力或者核心内容，一般使用"对象 + 关键能力 / 内容"的形式进行拟定。例如：

- ▶ "新入职员工基础办公能力提升项目 / 培训 / 训练营"。
- ▶ "前端营销人员公众表达能力提升项目 / 培训 / 训练营"。
- ▶ "装维人员装维基础能力提升项目 / 培训 / 训练营"。
- ▶ "中高层管理者企业核心战略专项培训 / 训练营"。

主标题和副标题相结合，就是项目的完整标题，例如"同心者同路、同路者同行：某企业中层干部管财融合能力提升训练营""赋能予师、蝶变计划：某公司内训师课程开发能力提升线上训练营""以终为始、强化管控：某公司管理人员下属辅导技能提升训练营"等。

2. 项目背景

项目背景回答的是"为什么要做这个项目"的问题，是完成前期调研访谈之后，学习发展顾问对于组织业务或管理问题理解深度的直接反映。

项目背景是在大量调研和访谈基础上完成的，一般需要回答清楚三个问题：一是组织现在遇到了什么样的问题？二是这些问题归因到组织能力缺失上，是哪些人员的哪些能力不足所导致的，现状表现有哪些？三是学习项目拟按照什么思路去提升这些人的能力？

在撰写项目背景时，我们需要把握以下几个关注点：格局立意要高，战略理解要深，分层次，有重点，能够引起共鸣，突出紧迫感和压力感。

按照以上几个关注点，我们整理出如下项目背景构思的基本框架。

（1）国家政策层面：任何组织的发展都离不开国家政策和外部宏观环境的影响，学习项目服务组织发展，学习项目的背景更要和组织所处的内外部宏微观环境相联系，体现出学习项目的全局性和前瞻性，例如企业当前遇到的外部宏观问题可能和高质量发展、新发展理念、创新转型、政策要求等有差距，迫切需要通过学习项目去统一思想、促发行动等。

（2）行业发展层面：行业与企业的关系就是大河和小河的关系，任何企业的发展都必须密切关注其所处行业的大趋势。学习项目需要主动融入行业背景，一方面可以帮助业务部门深刻认识学习项目的必要性和紧迫性，另一方面可以更好地将所学内容融入业务部门的转型实践之中。例如行业的转型规划、绿色转型、生态布局等的要求。

（3）公司经营层面：学习项目设计的目的是化解企业当前的业务或管理难题，这些难题可能包括经营业绩承压、人员队伍缺失、管理人员断层等，这是发起学习项目的直接原因，也是学习项目背景的重要内容。项目背景中对企业现状和问题剖析得越深入，说明学习发展顾问对于当前组织业务问题的认识越深刻，后期相对应的学习方案才有可能一语中的、直达痛点。

例如某企业关键技术人员研发能力提升项目的项目背景（简化版）：

▶ 国家大力发展数字中国、智慧社会的整体布局，带来了数字产业数以万亿计的发展机会，蓝海市场已经形成，急需大量优质研发人才。
- 行业进入快速发展的关键时期，各类型企业摩拳擦掌、大显身手，关键人才和关键技术阻击战已经打响。
- 当前企业核心技术人才短缺严重，科技型干部断层明显，核心业务的关键能力存在严重缺失，亟须以敏捷培养的模式进行快速补充。

3. 项目目标

学习项目以提升具体学习对象的特定能力的方式来解决组织当前业务或管理的痛点，需要将长远眼光和近期举措相结合。因此好的学习项目既需要宏观的项目目标，也需要微观的学习目标。前者在宏观视野下，引领学习项目的整体方向不偏移，后者负责项目结果的具体实施和评估复盘。

宏观的项目目标紧贴项目背景和业务需求，重点从宏观维度去说明项目的可能收获，例如培养一支人才队伍、提升一种关键能力、解决一类棘手问题、沉淀一份优秀经验等，帮助项目干系人从更高更宏观的视角去审视项目的整体定位和关键价值，有利于获得更多资源支持，推进项目后期实施。

以下是宏观项目目标构思的基本框架。

（1）聚焦解决一类问题，即业务或管理目前面对的痛点问题，例如解决客户经理电话营销无抓手、无思路的问题。

（2）系统提升一种能力，即帮助学员获得解决某类具体问题的能力，例如系统提升基层员工办公软件的常规化操作能力。

（3）协助组建一支队伍，所有学习项目其实都有潜在的组建队伍的职能，一般表述为组建某支业务/管理的人才队伍，例如组建一支懂管理、善运营、有担当、能作为的中层干部队伍，打造一支纵向连通、横向协同的大客户营销队伍等。

（4）共同沉淀一份经验，基于项目实践储备一份学习项目融入解决业务难题的经验，例如萃取沉淀形成公司客户经理陌生拜访3112工作指南，沉淀客户拜访4321工作法等。

例如某企业内训师课程开发能力提升线上训练营项目，最终确定的宏观目标如下：

- 开发一套符合企业真实内训需求的专业课程。结合组织业务开展的实际需求，针对业务产品讲解、业务流程操作、业务要求解读等不同内容，从课程主题、课程结构、课程内容、教学方法、整体设计等维度定制开发符合企业实际需求的精品内训课程。
- 培养一支懂课程开发技术的企业内训师队伍。通过内训师课程开发能力提升线上实战训练营，培养一支能够深入理解企业实际需求、懂业务、会讲课的企业内训师队伍。

和项目宏观目标相对应，微观项目目标就是指学员在学习项目中的具体的学习目标，学习目标的设定可参考第3章内容。如上述案例中，最终确定的学习目标主要包括：

- 学员能够理解课程开发六步法的具体内容，并能跟随授课老师的辅导，在课堂上完成一门不少于2小时、内容不低于50页的课程开发作业。
- 学习结束后，能够以学习小组为单位，实现课程的在线打磨和优化，并完成不少于6小时的线上分享，且授课满意度不低于4.5分（满分5分）。
- 学员能够按照项目推进的要求，以小组为单位，在训练营结束六个月内，系统输出4～6门能够达到企业内训要求的内训课程。

4. 项目视图

项目视图是项目方案核心内容的可视化图谱，重点回答"学什么、怎么学"的问题。它按照项目实施的时间维度（训前—训中—训后），将学习内容、学习体验、学习产出等要素系统整合为一张完整的信息图。透过项目视图，相关方可以俯瞰项目的所有内容，提纲挈领地掌握项目的所有关键环节，便于宏观和微观相结合推进项目实施。项目视图是项目方案的核心，直接决定了方案的价值点、吸引力和关注度。

项目视图一般使用五线谱法进行构建。五线谱由相互独立的五个维度构成，分别是时间维度、内容维度、形式维度、活动维度和结果维度。在具体项目设计中，我们习惯把它们简称为时间线、内容线、形式线、活动线和结果线（见图 8-2）。

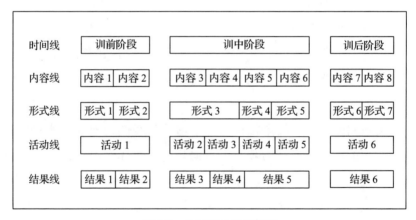

图 8-2 学习项目视图框架

时间线依托项目的关键节点，对项目进程中的关键阶段进行划分。一般的划分依据是训前阶段、训中阶段和训后阶段，训中阶段还可以根据具体学习任务的特点进一步细分。特别要说明的是，学习项目的时长和周期不是学习发展顾问拍脑袋决定的，也不是根据学习内容的多少死板划定的，而是根据学习内容、学习形式、项目时长、学员特点等，与业务部门反复沟通后确定的。

内容线主要呈现各个时间点具体学习内容的安排和策划。内容线需要按照一定的逻辑进行张弛有度的设计。例如，在某中层管理者关键业务能力提升训练营中，我们将学习内容和企业当前面临的关键问题进行结合，引入行动学习的工具，白天学习方法，晚上研讨问题，并在中间匹配一定的团队拓展和心理关怀内容，保证整个学习过程教学相长、张弛有度。

形式线主要是根据学习内容和学员特点匹配的较为合适的学习形式，如行动学习、课堂演练或者在线学习等，具体形式结合学员的成熟度和知识的成熟度进行确定，详细内容可以参考第 3 章。

活动线主要是为了促进学员对于学习内容的吸收转化，为学习项目设计匹配出个性化的学习活动，如课前分享、拓展活动、知识竞赛等，具体内容可以参考第 4 章。

结果线主要是指在每个学习阶段结束后，学员应该输出的学习成果，例如撰写学习心得、制订行动计划、输出标准版课件等，结果线的内容可以参考第 3 章。

必须强调的是，五线谱提供的是学习项目视图构建的总体框架和基础逻辑，不能代表所有学习项目的准确样子，具体学习项目的视图仍然要基于项目的实际情况进行针对性的优化和调整。在具体应用的过程中，五线谱提供的是一种参考思路，学习发展顾问完全可以基于项目实际选择四条线或者三条线来呈现项目视图，也可以使用这样的逻辑，去增加类似于保障线、情绪线等其他维度。

以下内容为我们曾经做的部分学习项目的项目视图，供大家更好地理解和认识项目视图（见图 8-3 和图 8-4）。

5. 项目运营

项目运营部分主要是回答"如何保证项目方案的顺利落地"的问题，

即在未来整个学习项目实施运营中，由谁来运营，如何运营以及处理运营中的突发状况等，需要填充包括但不限于项目组织机制、项目管理机制、项目评价机制和项目突发状况应对预案、项目如何宣传、如何产品化、如何复盘等内容。该部分详细内容请参考本书第 5~7 章的具体内容。

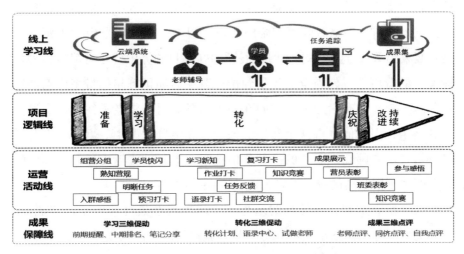

图 8-3　某公司内训师课程开发项目视图

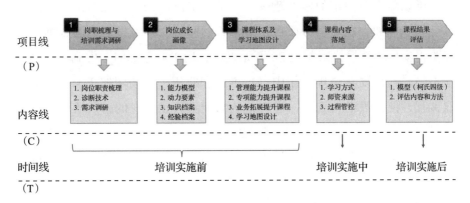

图 8-4　某公司员工队伍建设项目视图

6. 项目预算

项目预算是对学习项目实施中可能发生的各项成本费用的初步估算，

是学习项目能否执行落地的关键影响因素。在学习项目方案预算的制定中，需要坚持三个原则，具体如下：

（1）尽可能全面涵盖。学习项目的设计和运营中可能会包含项目咨询、需求调研、师资课酬、学习资料、学员食宿、师资和学员往返交通、后期跟踪支持等费用。特别是在项目的真实运营过程中，可能会出现众多的突发事件（如临时就医、临时用车，以及日程调整导致的师资交通费重复发生等），这就要求学习发展顾问在项目预算中要尽可能将各种可能发生的费用都考虑周全、预估到位，避免后期预算超标带来内部的审计风险。曾经就有学习发展顾问在做项目预算时，将老师往返的交通费用忽略了，因为他觉得这个费用应该包含在老师课酬中。事实上老师课酬是对授课老师知识服务的一种价值衡量，老师的往返交通和老师课酬属于两个不同范畴的费用类别，应该在预算中单独罗列。

（2）留有空间，方便临时增加。学习项目在最终落地交付完成前，具体的费用都是预估出来的。但项目实施过程中各种突发状况层出不穷，这就要求学习发展顾问在做项目预算时，千万不能卡到某个具体金额上，最好可以限定在一定的额度范围或者给出最高限额，并且留出一定的预算空间。例如，在某学习项目初期预算的时候，学习发展顾问根据自身经验将项目预算严格限制在 20 万元以内，后来业务部门考虑到项目结果很不错，提出要在全年工作中进行推广和应用，必须增加 2 天的实战萃取课程，但预算已经到顶，没有办法只能重新走相应的采购流程，既浪费了双方的时间，也拖延了项目的进程。

（3）不因预算选择低价供应商。对于怎么样使用培训经费，不同的学习发展顾问认识不同。有的学习发展顾问本着为组织节省成本的原则，尽可能选择廉价的供应商，以便将有限的培训经费用在更多的项目上；有的则以服务组织业务发展为目标，聚焦年度重点任务策划重点项目，将所有经费投入到重点项目的落地交付上，确保年度重点项目的达成。企业不同、培训对象不同、学习发展顾问的工作经历不同，大家使用培训经费的想法都不一样，这个没有绝对的对与错。我们认为，学习项目必须考虑预算，但千万不能被预算牵着走，更不能为了预算去选择毫无质量保证的供应商。

与此同时，学习发展顾问的岗位对于组织来说是责任重大、使命光荣的。我们可以肯定地说，没有管理者希望通过压缩培训费用来实现公司业务增长的，他们都希望培训经费可以真正用在刀刃上，用在真正帮助组织解决业务难题上，用在助力员工能力提升和业务发展上。如果从这一点来看，学习发展顾问也需要有大格局，上接战略、下接业务、中间还要做好沟通和协调，要敢于推动真正解决业务问题的大项目，更要敢于花钱、敢于承担责任。

7. 项目附件

项目附件是指项目方案中用以支撑学习项目前期调研、运营管控和后评估等全过程的工具表单。项目附件对于项目方案来说是补充和佐证，可以起到增强说服力、增加信任度的目的。

（1）附件写作四原则。

1）控制数量：项目附件要聚焦重点，一般控制在 3～5 个为宜。如果附件数量确实比较多，则选择客户最为关注的、对项目最重要的附件。

2）依序排列：严格按照附件内容在方案中出现的先后顺序进行罗列，确保相关方查看和后期修改校正。

3）独立成页：为便于查看和提升方案内容的美观度，建议每个附件都独立成页，附件中的表格尽可能做到不跨页。

4）遵守规范：附件中的字体、行间距等和方案主体保持一致，不使用特殊字体、特殊字号等。

（2）附件写作"三必知"。

1）正文结尾隔行罗列附件。在项目方案正文结尾后，隔行（无须空两个字）开始按先后顺序罗列方案附件及其名称，示例如下。

附件：A. xxxxx

　　　　B. xxxxx

2）每个附件均需独立成页。

3）附件名称后不再添加标点符号，也无须再加句号，示例如下。

附件：A. 学习项目需求调研表

（3）附件写作之剪影部分。

对于项目方案中是否需要添加往期图片的问题，很多学习发展顾问都会有困惑。方案附件里面能否添加往期项目的照片？如何放置往期项目照片？对于这些问题我们单独进行回答。

1）项目方案附件中能否添加照片？我们的建议是，为了更好地展示方案价值、影响项目相关干系人，项目方案附件中应该放一些往期项目照片或者剪影。这就要求学习发展顾问平时要养成善于拍摄、整理和积累学习项目素材的习惯。

2）项目方案附件的照片放在哪个部分？按照一般的逻辑来说，项目照片应该放在附件的最后一部分，作为项目方案最后的收尾，给看方案的人营造一种意犹未尽的感觉。

3）项目方案附件中可以放哪些照片？我们建议，学习项目方案的附件中的照片应尽可能全面，也就是应涵盖项目执行的所有环节，特别是项目开营、领导讲话、项目结营、颁奖典礼、优秀学员分享等所有关键环节。

4）项目方案附件中的照片应该如何排列？我们建议，按照时间顺序或者重要性顺序，以 2 列 ×4 张的方式排列（每页 8 张），一页即可，过多则显累赘。必须强调的是，所有的照片都要配上与照片内容相匹配的文字说明。

项目方案可行性评估

完成学习项目方案，并不意味着项目方案设计就已经大功告成了。

学习发展顾问还需要根据企业实际和访谈调研情况，不断对项目方案进行调整优化，以使项目方案更加完善。我们建议，学习发展顾问可以从以下三个角度对项目方案的质量进行自评估。

1. 从方案逻辑的角度评估

学习发展顾问需要结合前期调研结果，详细分析项目方案各组成要素之间的逻辑是否合理，各要素之间是否能够形成匹配、呼应或互补关系。通过小范围征询意见，确认学员对培训内容的兴趣度和偏差点，确认学习内容是否能够满足学员当前的能力需要等。

2. 从学习对象的角度评估

学习发展顾问可以通过点对点征询意见等形式提前了解部分学员对项目方案的意见和建议，从学员的视角持续完善方案，也可以预测学员受训前后的改变是否与项目目标一致，如果不一致，找出原因，及时调整。

3. 从学习结果的角度评估

学习发展顾问要分析项目方案整体的成本收益比。如果项目的成本高于项目收益，则说明项目方案有很大调整的空间，学习发展顾问要找出原因，优化或简化项目方案。学习发展顾问也可以在项目方案调整之后，对项目成本收益的变化情况做进一步分析，找出能够达到最优的成本收益比的方案（见表 8-1）。

表 8-1 项目方案可行性评估表

问题	选择项		
	是	否	未知
目前企业业务需求中最为突出的能力短板是否得到解决？			
项目方案的内容和运营是否与组织文化相冲突？			
项目是否已获得上级或者公司管理层的公开支持？			
方案的内容与需求调研的能力短板是否匹配？			
学员目前的工作状态是否可以达到项目实施的基本要求？			

(续)

问题	选择项		
	是	否	未知
项目方案是否可以获得学员直接上级的支持？			
学习项目结束后，学员会有相关的奖励计划吗？			
该项目可能导致失败的因素是否都清楚？都有对策吗？			
项目设计者是否对方案具有十足的把握？			

项目方案审核和校正

按照以上七个要素的具体要求，学习发展顾问可以较好地完成一份学习项目方案的初稿，但初稿并不能直接提交上级或者业务部门审核，学习发展顾问仍然要从以下三个维度来修改方案。

（1）内容维度：从项目方案完整性和逻辑性角度去校正，主要审核项目目标是否明确、项目思路是否清晰、项目内容匹配是否合理、项目活动设计是否恰当、项目管控是否闭环、项目内容和项目思路是否对应、项目内容是否可以达成项目目标等。

（2）细节维度：学习发展顾问真正的专业性往往体现在项目方案的细节上，可以从项目方案前后词汇使用是否统一、标点符号是否恰当、重点语句是否通顺、是否有错别字等方面去校正。

（3）可视化维度：学习发展顾问转换角色，将上级或者业务部门看作"甲方"，站在甲方的角度，从感性认知等多个维度去审核方案，例如字体字号、行距边距、重点标注、辅助展示、附件排版等（见表8-2）。

表8-2 学习项目方案审核清单

内容维度	细节维度	可视化维度
目标明确	词汇统一	字体字号
思路清晰	符号恰当	行距边距
内容匹配	语句通顺	重点标注
体验恰当	无错别字	辅助展示
管控闭环	附件合理	附件排版

俗话说，好文章是"三分写七分改"，好的学习项目方案也是如此。

很多时候写得不是很清楚的地方,通过反复改就会思考清楚;写得感觉差点味道的地方,也可以通过反复改来不断加深思考和持续优化。另外,对于 Word 版的项目方案,建议在审核的时候优先转化为 PDF 版本,更容易看到细节方面的问题。

项目方案的两种呈现形式

项目方案的常用呈现形式

学习项目方案到底选择什么样的呈现形式,见仁见智。有人倾向于选择视频形式,生动形象、声情并茂;有人喜欢用 PPT 进行幻灯片演示,图文并茂,美观、有感染力;有人选择邮件形式,将方案文本粘贴到邮件正文中,简单直观、快速高效。毫无疑问,各种呈现方式都有其对应的优势和劣势,但站在学习项目方案的角度,我们最为推荐的两种呈现形式是 Word 和 PPT。

Word 属于 Office 的文字处理器应用程序,程序中提供了许多易于使用的文档创建工具,同时也提供了丰富的功能集供创建复杂的文档使用。Word 的核心优势是以文字描述为主,突出文字内容,内容相对精确,不容易产生歧义,适合做项目方案的完整介绍和细节说明,适合拿给别人看的场景。

PPT 属于 Office 的演示文稿软件,是在做演讲的时候展示给观众看的一种图文并茂的演示方式,用来直接、直观地阐述观点,让听众更加容易理解。PPT 的重点在于突出逻辑和视觉呈现,更适合讲给别人听的场景,但需要有演讲者在一旁进行讲解。

对于学习项目的呈现来说,Word 是梳理项目核心内容、创建完整方案的利器,PPT 是 Word 版方案内容浓缩后的精华,是辅助演讲者完成演示的利器。两者的优缺点做如下对比(见表 8-3)。

表 8-3　Word 和 PPT 的区别

维度	Word	PPT
核心优势	完整呈现方案内容	辅助进行方案讲解
适合场景	拿给别人看，适合进行整体介绍和说明	讲给别人听，适合进行公众表达辅助
重点关注	完整和精确表达	逻辑和视觉呈现
应用条件	精确的文字描述，不容易产生歧义，无须辅助讲解	只呈现逻辑和核心观点，容易产生歧义，需要讲解辅助

Word 和 PPT 呈现形式的关注点

1. Word 版项目方案的关注点

毋庸置疑，文字表达比语言表达要凝练得多，也比图片更有深度，因此 Word 版项目方案对学习发展顾问思考的全面性有非常高的要求。对于项目方案设计来说，学习发展顾问必须想清楚、想全面才可以下笔，没想好往往是写不下去的。项目方案设计方面的废话或者逻辑上的问题通过文字都可以很清晰地看到，因此坚持写 Word 版方案可以帮助学习发展顾问提升思维和表达的逻辑性和条理性，但需要关注以下三个方面的重点。

（1）内容的完整性。用 Word 版呈现方案，要求学习发展顾问尽可能按照项目方案设计七要素去认真完成方案的全部内容。素材收集应尽可能全面完整，方案各要素之间逻辑严密，信息统一，具有支撑和被支撑的作用等。

（2）结构的体系性。学习发展顾问可借用固有的框架完成项目方案写作，也可以根据项目的特殊需要，采用如"是什么—为什么—怎么办"的逻辑进行方案的重新构架，总之方案写作的框架并无统一规定，学习发展顾问对这一点要时刻保持灵活性。

（3）排版的美观性。虽然说 Word 版方案在呈现形式上不如 PPT 那么容易，但也并不意味着 Word 就毫无美感。Word 版项目方案也可以从四个方面提升美感：一是规范，即 Word 版方案也需要排版规范、字体大小合适、重点突出；二是舒心，即行间距体现呼吸感，减少阅读者和审核者的压迫感，提升阅读者的心理感受；三是匹配，即图文匹配，按照字不如表、表不如图的原则进行设计，项目视图仍然是方案的核心和重点，好的图表或视图可以起到提纲挈领的作用，给人耳目一新的感觉；四是独立，即表格不跨页、标点不带头、工具表单做独立附件等。

以我们在互联网上看到的某培训策划方案（见图 8-5）为例。

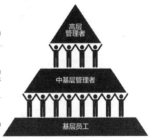

图 8-5　策划方案示例（左图为 Word 版，右图为 PPT 版）

一样的文字，前面一个没有任何排版，读起来很吃力，不知道哪个是重点。后面一个一眼就能看到重点，读起来很轻松、舒适。虽然后者的排版并没有体现太多的技术含量，但还是给人很大的视觉震撼。

再如，宣传海报（见图 8-6，来自互联网），使用 Word 版的呈现形式，但做出了比 PPT 更高级的视觉感觉。这也告诉我们方案呈现的美感并不会因为形式的不同而受到限制，每种呈现形式的真正效果比我们所理解的要大很多。

图 8-6　宣传海报示例

2. PPT 版项目方案的关注点

近几年，PPT 的使用被越来越多的企业所诟病，甚至有员工在企业年会中提出"干得再好，也不如 PPT 做得好"的观点。实事求是地说，这样的诟病和 PPT 本身是没有关系的，它只是一套功能强大的演示软件，只是在实际应用中被使用者严重异化和歪曲了，以至于现实中做 PPT 成了部分人的主要工作，导致重要的本职工作都给丢了，形式严重大于内容，极大地降低了工作效率。

PPT 的全称是 PowerPoint，翻译成中文是"强有力的观点"，既然是"强有力的观点"，那呈现在 PPT 上的内容一定是重中之重。PPT 方案设计前需要梳理内容、理解文案逻辑，并思考哪些内容需要呈现在 PPT 上、哪些内容进行口头阐述等，这对最终演示效果都有非常重要的意义。其实，职场人士都知道，要把 PPT 做好也是一件很困难的事，做好一份 PPT 所需要的时间和精力远远超过写一份 Word。做好一份 PPT 方案需要关注以下几点。

（1）演示不能代替内容。任何项目方案最终都以内容制胜，PPT 重在文稿演示功能，体现的是项目方案的核心逻辑和关键词，但 PPT 一定是以好的 Word 文档为基础的，制作 PPT 短时间看似比 Word 简单些，实则并不比 Word 容易。

（2）设计及演讲要求高。PPT 的方案呈现有四高特点，即核心观点的提炼要求高，视觉审美和可视化要求高，后期演讲要求高，对听众的基础素质要求高。这四高的特点就决定了它只会比 Word 难，而不可能容易。

（3）严禁乱用 PPT 模板。学习发展顾问必须明确，PPT 版方案的制作绝不是简单的 Word "搬家"，更不是任何模板都可以拿过来使用的。

（4）系统提升三大能力。PPT 方案要做得好，需要提升以下三大能力：首先是逻辑梳理能力，内容梳理就如同建楼要打地基，如果逻辑混乱就很容易导致意思表达的错误，PPT 再美观也失去了意义。其次是视觉化表达能力，这一能力的强弱体现了学习发展顾问的综合设计能力，其中涉及内容排版、字体选取、配色配图等一系列技巧，PPT 制作水平会在这里体现得很充分。最后是软件操作能力，这是学习发展顾问备受关注的能力，只需要在制作过程中多加练习，即可快速提升。

两种呈现形式之间的联系

曾有知名人士说过"4 页纸的文字描述比 20 页的 PPT 难写"，究其原因是文字的叙述结构迫使你要有更好更深更全面的思考，对"什么东西更重要"以及"哪些东西是相关的"需要有更好的理解。PPT式的演示多少会以可视化的表象来代替想法，使得内容的相对重要性不够突出，并且弱化了想法之间的关联性。文字的陈述则把展示更全面、更深刻的新想法的困难交给了写作者，把方便留给了看文字的人，这跟PPT正好相反。我们认为，用哪种形式呈现或者汇报方案并不是最重要的，最重要的是汇报的内容质量以及听众的偏好。

1. 方式没有对错，但有差异

近几年，虽然企业里面开始流行用Word代替PPT，但我们认为并不是所有公司都适合用Word取代PPT。有些行业就是更适合用PPT，比如咨询公司、广告公司、策划公司和培训机构等，在这些行业，精美的PPT是跟客户沟通的必要手段。同时，也不是所有情景中Word都比PPT更合适，比如新品发布、对外沟通、公众演示、商务演讲、培训授课等，在这些场合，PPT的影响力更大一些。因此，Word和PPT只是具有不同功能的文案呈现工具，到底在什么场合下使用，取决于客户的需要和使用者的能力。

2. 优秀的项目方案必须准备两个版本

方案版本并无优劣之别，我们建议在优秀的项目方案中，两种呈现形式要结合使用。如某知名房地产策划前辈就说过，他们每次做工作汇报时都是以Word为主要文本，PPT仅仅用作演示。PPT只是汇报报告的摘要或者提纲，提供的更多是一种思路。客户真正需要的应该是一份数据充分、结构严谨、论证有力、逻辑性强、操作性强的Word版本的报告。

一言以蔽之，Word版用于展现学习发展顾问对于项目的全面思考、整体设计和具体安排，PPT版用于公众场合的内容宣讲、公众展示和答疑解惑。当然，无论是Word还是PPT，它们背后所呈现出来的学习发展顾问的核心能力是相同的，那就是逻辑思维能力和写作能力。国内某知名人才测评总监曾说：如果你准备从一堆人里挑出一个人做某份工作，那就挑文章写得最好的那个，大概率不会有错！因为能写的人，逻辑思维能力肯定不错，而逻辑思维是职场人胜任工作非常重要的能力！准备两个版本的必要性体现在以下三点。

（1）以客户为中心，选择项目方案的呈现形式。这里的客户必须界定为能够影响到项目立项和实施的所有人，以他们的信息接收偏好和工作习惯决定选择相对应的呈现形式，这个需要在前期项目需求沟通的时候提前了解，避免后期走弯路或者走回头路。

（2）两种呈现方式相辅相成，让方案有理有据有影响力。如前所述，PPT版方案并不是单纯的PPT制作，它需要以完整的Word版方案为基础。好的PPT是由Word提供素材和逻辑，从提炼概括Word核心内容开始，并搭配恰当的色彩和动画。

（3）两种呈现方式难度基本相同。Word和PPT版方案只是侧重点和展示形式不同，对于项目内容设计和后期运营等有着基本相同的标准和要求，难易程度并无明显区别，对于优秀的学习发展顾问来说，都属于必须要掌握的核心技能。

3. 常用PPT素材网站推荐

（1）HiPPTer，直达链接：http://www.hippter.com，HiPPTer为你的PPT制作提供灵感、配色方案，并且提供工具插件和优质图标。网站整体感比较简洁，导航栏分为模板、素材、插件、达人、灵感、配色、图片、背景、字体、资源、工具等，是不可多得的一站式分享网站。在这里你可以尽情地去搜索你想要的资源。

（2）OfficePLUS，直达链接：http://www.officeplus.cn，是每个职场人士的办公技能加油站，微软官方在线模板网站，提供各种精品PPT模板以及实用模块。另外还有Word求职简历、Excel图表以及图片素材等。

每个人可以根据自己的需求在搜索框进行搜索，网站页面比较简洁。

（3）PPT之家，直达链接：https://www.52ppt.com，是令人惊叹的PPT资源网站，里面内容全免费，主要是PPT的分享，包括PPT素材和模板，风格各式各样，满足各行业的需求。所有人都可以根据自己的需求喜好下载。

（4）PPTfans，直达链接：http://www.pptfans.cn，本网站提供PPT模板的同时，为你提供初高级图文教程，海量PPT模板素材免费下载，学员在使用的同时还可以与专业的PPT设计师交流，助力你的PPT高效率制作。

项目方案的演讲技巧

项目方案设计完成并不等于项目就可以推动实施了，还需要学习发展顾问利用各种汇报场合进行演讲以促成各方对于项目的认可和支持，争取更多资源推进项目的后期实施。但项目方案的演讲也并不容易。

好方案需要有力的演讲

对于汇报项目方案，你是否有以下经历。

- 你向业务部门汇报某个学习项目方案，说了半天，业务部门的领导打断你说：讲重点。
- 你作为学习发展顾问，才讲完项目方案PPT前几页，领导就提醒你注意控制时间。
- 在汇报项目方案时，你认真地把PPT读了一遍，结果发现大家都在低头玩手机，没人注意你的内容。

以上场景肯定让演讲者感到郁闷，但发掘原因，很多时候并不是你设计的项目方案不好，也不是你不懂方案实施和管控，更不是你不知道方案的重点和难点，而是你的演讲没有结构化，无法在有限的时间里帮助听众获得方案的核心内容。

项目方案的设计和优化很重要，但好的演讲汇报更重要。我们认为，有力的方案演讲可以带来三方面的价值：

- ▶ 帮助项目关联方细致全面地了解项目方案的意义、价值和内容。
- ▶ 帮助学习发展顾问获得项目关联方对于项目的认可和支持。
- ▶ 帮助学习发展顾问获得项目关联方对于项目方案的建议和意见。

方案演讲中普遍存在的问题

目前在项目方案的汇报演讲中，学习发展顾问存在的最为普遍的问题主要有以下六个方面：

- ▶ 只是单纯地读PPT，重点和难点不清楚，演讲过程枯燥乏味。
- ▶ 对演讲内容不熟悉，结论不清晰，演讲过程磕磕巴巴，讲了半天也不知道在说什么。
- ▶ 演讲过程缺少感染力，听众好像知道了方案的具体内容，但没有产生有效的影响力。
- ▶ 演讲逻辑不清楚，自相矛盾，无法自圆其说。
- ▶ 演讲时间管控不到位，特别是开场环节过于复杂，半天没有进入主题。
- ▶ 演讲者缺乏自信和底气，声音小、语速快且急促，头顶紧张冒汗。

当然，项目方案汇报演讲的问题不止以上这些。但这些已经足够警醒我们：一是项目方案汇报演讲是一件专业而又严肃的事情，并不是谁拿着方案都可以去讲好的，最好是方案设计人员去讲方案；二是演讲者的角色不同、认知不同、理解不同，讲出来方案的味道也不一样；三是项目方案是否足够专业和用心，在演讲环节全部都可以被感知到，专业而富有逻辑的方案演讲往往给人印象深刻。

讲清楚的内在逻辑：结构性思维

1. 讲清楚的基础是结构

好文章都有结构，好方案也一样。一般来说，项目方案汇报最好按照方案写作的逻辑结构进行，这样可以帮助听众全面细致地了解方案的设计思路和核心内容，帮助听众理清楚方案的逻辑框架，弄清楚方案的重点内容和当前进度。

在现代汉语词典中，"结构"的汉语释义是各个组成部分的搭配和排列。放在一篇文章中，整体的概念主要指文章的核心结论，部分的概念主要是指支撑结论的具体论据，简而言之，文章的结构就是文章的结论和论据之间的支撑关系。在项目方案演讲中，常用的演讲结构主要有三种，即总分结构、分总结构和总分总结构。

项目方案的演讲我们更多地使用总分结构，不仅文章的核心论点和分论点之间有总分结构，到了具体分论点的内部也应有其自身的总分结构。

例如，对于方案演讲的开始部分，美国著名人际关系学大师卡耐基曾经介绍过一个"题—重—讲"的演讲开场结构，具体如下。

▶ "题"代表演讲的题目，即这次演讲的核心主题，方案的主题放在前面体现了突出重点、节省时间的特点。

▶ "重"代表重要性，即说明这次演讲主题的重要性，通过介绍项目的背景和价值来阐述方案的重要性以吸引听众的关注。

▶ "讲"代表演讲者，即演讲者介绍自己的特殊资历，尤其是与项目主题有关的内容，这样便于自然而然地过渡到演讲的核心内容中。

2. 讲清楚的两个核心原则

在真实的项目汇报中，能够把项目方案讲清楚讲明白并不容易。我们认为，要想结构化地把项目方案演讲清楚，至少应该坚持两个核心原则。

一是坚持利他性原则。方案演讲的最终目的就是帮助听众了解项目方案的详细内容，后期给予项目相关的支持和帮助。利他性就是站在"他"的角度去思考，思考他到底关注学习项目的什么内容？他对于项目的核心诉求到底是什么？这里的"他"既可能是指业务部门负责人，也可能是学员，还可能是和学习项目相关的其他人。原则上，他们最为关注的内容应该成为我们演讲的重点。

例如，在某企业中层管理人员学习项目招标述标过程中，大部分的演讲者都采用了PPT的逻辑进行述标。经过前期的招标文件分析，我们发现招标方非常看重项目交付的质量，特别是交付团队的人员组成。因此在项目方案的述标现场，我们将交付团队的人员组成放在述标材料的第一部分，跟各位评委详细地介绍了项目团队的成员组成、学历背景、行业及专业经验、往期曾经负责的大型项目等。别样的形式给评委留下了深刻的印象，更帮助我们顺利地拿到了这个项目。但这种形式的创新绝不是我们的神来之笔，而是我们使用利他性原则，从客户的核心诉求中分析出来的。

当然，利他性原则不仅仅是项目方案演讲中的核心原则，它其实是整个学习项目设计和后期交付运营中始终要坚持的核心原则。多维度的需求调研、学员能力现状分析、学员画像等都是为了帮助我们更深入地了解当前的项目需求，以便于设计出更能贴合实际、促进组织发展的学习项目。

二是坚持讲理性原则。方案演讲是一个公开的严谨的说服过程，对于演讲者思维的逻辑性要求很高。思维逻辑中最基础的就是讲理性，也就是方案的所有核心内容都应该做到有理有据，不能只简单地谈观点或者谈想法，所有观点或者想法都必须基于具体的实际分析而来。例如，在某个项目方案的汇报演讲中，演讲者讲到组织当前的核心技术人员短缺阻碍了公司的发展，但当被问到"当前主要是哪些岗位的核心技术人员短缺？短缺的具体数字是多少？当前短缺对于公司的长远发展可能会有什么影响"时却无法给出具体数据。究其原因就是，前期的调查分析不够深入，对于核心结论的数据分析和整理不够全面，也就无法做到有效的讲理性。

3. 掌握讲清楚的内在逻辑：结构性思维

（1）什么是结构性思维。

结构性思维是目前世界五百强企业应用最为广泛的一种思维工具，它强调任何的思考和表达都应该做到想清楚、说明白。想清楚是前提、是条件，说明白是结果、是目的。无论是公众表达还是书面表达，只要表达者本人思考清楚了，那他表达起来就会简单清晰、富有逻辑性和说服力，相反，如果他自己都没想清楚，无论他口才怎样好、形式如何新颖，你都会发现他演讲的过程中漏洞百出，无法说服自己，更无法说服他人。

结构性思维认为，任何表达要做到"想清楚、说明白"是有结构的，这种结构属于我们前面讲到的总分结构。结构性思维有四个基本特点，分别是结论先行、上下对应、分类清楚和排序逻辑（见图8-7）。

结论先行要求我们在演讲中，必须清楚地知道所演讲内容的核心结论（主题）是什么，并且在演讲中先将结论告诉给我们的听众，让他们知道我们要说什么。

上下对应要求我们在结论先行的基础上，根据论证前面所提结论的需要去阐述我们的论据，做到论证过程有理有据、理据对应。

分类清楚要求我们在演讲中，必须对相关的论据进行有效的分类，方便演讲者更好地阐述，也方便听众更好地记忆，让论据呈现做到分类明确、清楚易辨。

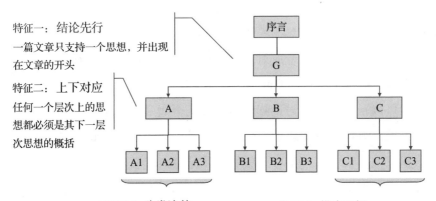

图 8-7　结构性思维的四个特点

排序逻辑要求我们在演讲中，对于相关的论据内容按照一定的顺序进行排序，这里的排序方法可以是时间顺序、空间顺序，也可以是重要性顺序、姓氏笔画顺序等，总之要尽可能排序，让论据主次有别。

（2）如何使用结构性思维讲清楚。

1）四个特点是打磨优化演讲内容的利刃。

结构性思维是一种思维表达框架或者表达范式，四个特点是衡量表达质量的标准，也是一把优化表达内容的利刃。

结论先行：很多演讲者讲了半天，听众还是不知道他在说什么，但使用结论先行特点就可以大幅减少类似现象的发生。在演讲准备阶段，结论先行要求演讲者必须想清楚自己的结论到底是什么？只有结论清楚了才可以继续往后思考。而在演讲过程中，演讲者要将自己的结论首先告知听众（一般在开场），这样可有效避免讲了半天，大家还是不知所云的情况发生。

上下对应：很多演讲者讲了半天，听众发现文不对题，也就是演讲者所讲的结论和他选择的支撑论据之间没有直接的支撑关系，或者支撑关系不具有说服力。上下对应可以帮助演讲者在准备阶段就认真思考自上而下的分论点应该是什么，或者自下而上的结论怎么描述更为合适，真正做到上面结论和下面论据之间的完全对应、有理有据。

分类清楚：很多演讲者面对演讲素材众多的情况时，往往选择一一列举的方式，浪费了听众的时间，也降低了听众对于演讲内容的关注度。分类清楚可以帮助演讲者对论据进行有效的分类和提炼概括，而且一般不超过五类，方便后期演讲的时候更显条理性、逻辑性，也更便于听众的理解和记忆。

排序逻辑：很多演讲者还会存在未对演讲素材进行顺序排列的问题，排序逻辑提醒演讲者不仅需要对素材进行分类，在分类结束后，我们还要对每一类别的论据进行排序，以便于加深听众对于演讲内容的记忆。

下例可非常直观地说明使用结构性思维和没有使用结构性思维演讲的区别。以下为优化前演讲稿原文。

> **| 实例 |**
>
> 尊敬的各位领导、各位评委：
> 大家上午好！
> 　　首先感谢公司对我们青年员工的关注与重视以及为我们建立能上能下的岗位晋升机制，组织此次岗位竞争性选拔，我很荣幸再度站在这里，分享自己的收获与成长，接受组织的挑选。
> 　　我叫王大，今年27岁，中共党员，××省首批"双百计划"优培生，现任宝兰分公司杨林市分局分局长。自2017年7月参加工作至今4年零5个月，我先后任职于宝兰分公司四部一室以及农村分局长等前后端各个岗位。在分公司领导的支持和培养下，我先后被评为2017年度先进工作者、获2020年度宝兰分公司优秀农村支局表彰、获2020年度宝兰杨林市人民政府先进个人表彰、2021年获省公司优秀共青团员表彰。

所有成绩和荣誉皆为过往，空杯的学习心态使我不断进步、不断完善自己。参与此次竞聘，我愿在求真务实中认识自己，在积极进取中不断探索，在拼搏奉献中实现价值。综合权衡，我认为自己有如下优势适合此次竞聘。

一、政治素质过硬，思想品德高尚。追求个人进步，在建党 100 周年之际，我顺利完成了从预备党员到党员的角色转变。2020 年分局遭遇百年一遇的洪水，刚到任的我身先士卒，连续坚守岗位 7 个日夜，并在灾后迅速完成生产恢复工作。我思想作风正派，生活作风淳朴，为人忠厚正直，严于律己、清正廉洁。同时尊重领导、团结同事、顾全大局，具有较好的群众基础。

二、工作经验丰富，创新能力较强。四年以来多部门多岗位的工作经历中，我不断摸索、投身实践，积累了丰富的经验。尤其是前后端跨专业的任职经历让我不仅学到了扎实的技术知识，同时，也奠定了我以同理心为基础的"共同体"式团队带领风格，倡导头脑风暴式思维方法，启发团队不断创新，建立了一支团结合作、勇于创新的队伍。

三、专业知识全面，管理协调能力出众。分局工作中，不论是对内协调还是对外交际都能恰当处理，做到游刃有余。保证各项工作都能得到扎实推进、高效执行。不但得到了当地政府的高度认可，荣获杨林市人民政府先进个人表彰。全年完成公司收入 445.87 万元，超预算 31.87 万元，荣获宝兰公司优秀农村支局表彰。

倘若有幸竞聘成功，强烈的归属感和责任感将使我在新的岗位上坚定不移地做好一名执行者、管理者和创新者。发挥自己有朝气、能吃苦、敢拼搏的优势，责任上肩，枕戈待旦，时刻准备好迎接新的任务与挑战，为企业高质量发展添砖加瓦，为企业新发展战略贡献自己全部力量。

以上是我的陈述报告，请各位领导、各位评委批评指正。

这篇演讲稿内容朴实、情感真切，很有感染力，唯一的不足就是听完之后不知道王大到底是一位怎样的同志，他的工作到底怎么样，对于王大总结出来的三个方面的能力也记忆不深刻。如果用结构性思维的四个特点来衡量的话，就是结论未先行，上下不对应，分类不清楚，排序也不够有逻辑。通过对标四个特点对文章内容进行优化和完善，优化后的竞聘稿如下。

| 实例 |

尊敬的各位领导、各位评委：

大家好！

感谢公司提供这次竞聘的机会，我很荣幸站在这里和大家分享自己近几年的收获与成长，接受组织的检验和挑选。

我叫王大，今年27岁，中共党员，××省首批"双百计划"优培生，现任宝兰分公司杨林市分局分局长。今天我想用"742"三个数字来概括我过去四年工作的感悟与成长。

第一个数字是"7"，为什么是7呢？2020年7月，我到杨林市分局任分局长，到任第三天，杨林市遭遇了百年一遇的特大洪水。面对滔滔的洪水，我义无反顾地蹚着齐腰深的洪水去抢救发电油机，确保分局网络的畅通。那次抗洪中，我在分局连续坚守7个昼夜直到洪水退去，后来有人问我，那个时候害怕吗？胆怯吗？我说，可能有，但那个时候已经想不了那么多，守土有责，我必须做好榜样，而且在那种时候我不上谁上？因为我们的坚守，全镇通信在洪水中未中断1秒，并在短时间内配合政府完成了灾后生产恢复工作。"7"天的坚守对我来说是职责，也是使命，是我对于自我日常工作的要求，对我来说意味着忠诚担当与过硬的政治素养。

第二个数字是"4"，为什么是4呢？因为今年是我加入河东电信的第四个年头。参加工作 4 年以来，我先后在 4 个部门的不同岗位上轮岗工作过。前后端跨部门的工作经历是我迄今为止最宝贵的精神财富，让我记忆尤深的是当我主动提出从前端调动到后端做技术支撑工作时，领导无条件的支持让我坚持了下来。前后端跨专业的任职经历让我不仅学到了扎实的技术知识，同时，也奠定了我"共同体"式的团队带领风格。**"4"对我来说意味着前后端跨部门协调与丰富的工作经验。**

最后一个数字是"2"，它代表了我所获得的两项荣誉——2020年度杨林市人民政府先进个人和宝兰公司 2020 年度优秀农村支局。这两项荣誉是对我四年工作的重要认可，是我对内对外协调能力的充分体现。面对地方政府的诉求，我及时妥当处理，做到游刃有余；对于公司的工作安排，我能保证各项工作得到扎实推进、高效执行，全年完成分局收入 445.87 万元，超预算 31.87 万元。**"2"这个数字见证了我四年来对内对外综合协调各项工作，是我基础管理能力的展现。**

各位领导、各位评委，再次感谢有机会参加此次竞聘，前面我通过"742"三个数字回顾了自己四年的成长进步。在过去的四年时间里，我要感谢宝兰公司给我提供的平台，感谢各位领导在我成长过程中给予的帮助和支持。近期在参加双百计划培训时，张总在开班致辞中激励我们，做"有所信、有所爱、有所为"的新时代通信人，我将谨记各位领导的嘱托和要求，感党恩、跟党走，热爱事业、投入事业，立足本身岗位，守土有责，守土负责，脚踏实地，认真工作，持续学习，不断进步，为宝兰公司的高质量发展贡献自己的力量。谢谢大家。

新的演讲稿通过"742"三个数字系统地总结自己的成长，是整个演讲稿的结论，后面分别阐释了三个数字的内容和含义，给听众留下了深刻的印象。这种修改的背后体现的就是结构性思维的力量感。

2）四个特点是汇报演讲内容的基础逻辑。

好的方案演讲就是结构性思维四个特点的综合使用。整个演讲主题的论证需要做到四个特点，聚焦某一个分论点的具体论证时也要做到以上四个特点。又如下例人民日报的文章。

| 实例 |

差异互补、错位发展、承接辐射，
浙江积极推进长三角地区共同发展

本报杭州9月25日电（记者鲍洪俊） 国庆前夕，浙江省党政代表团赶赴上海、江苏，共商推进长三角地区一体化举措。按照差异互补、错位发展、承接辐射的思路，浙江省正积极推动长三角地区合作交流，携手沪、苏，努力把长三角地区建设成为科学发展、和谐发展的示范区。

优势互补，取长补短，进一步优化合作环境。充分借助上海、江苏在人才、技术、外资等方面的先发优势，围绕完善长三角区域统一市场体系的目标，营造良好政策环境和发展条件，促进各类要素无障碍流动。

沪苏并重，均衡发展，进一步增强合作实效。加强在综合交通、能源供应、土地利用、环境保护、产业发展、人力资源开发、政策法规衔接等领域的合作交流，形成"区域效应""同城效应"，推进区域合作不断取得新成效。

共同发展，实现多赢，进一步深化合作机制。抓住国家编制实施长江三角洲区域规划的契机，在发展战略、重大决策上充分考虑"上海因素""江苏因素"，科学确定功能定位和发展战略，扬长补短，着

> 力构建政府主导、企业主体、社会助力的新型区域合作模式。
>
> 据介绍,长三角地区将继续定期举办两省一市高层会商、副省(市)长级合作座谈、十六市交流会晤、长三角区域合作论坛。

在这篇文章中,文章的核心结论出现在了标题和第一段中,反复强调了"差异互补、错位发展、承接辐射,浙江积极推进长三角地区共同发展"的结论,紧接着就从三个方面,分别阐释了差异互补、错位发展和承接辐射三个方面的内容,属于结构性思维四个特点的典型使用。

讲精彩的内在逻辑

1. 讲精彩的三层标准

曾经有咨询行业前辈在分享方案演讲经验的时候说道:项目方案的汇报演讲有三个层次,第一层是客户知道了,即客户比较好地理解了方案的内容;第二层是客户心动了,即客户在充分理解方案内容的基础上,被项目方案中的创新点和演讲者的演讲所感染,但对于演讲者的能力仍然有质疑;第三层是客户决定了,即客户在理解方案内容且被感染的基础上,对演讲者产生了充分的信任,决定把项目交给演讲者来执行,并对演讲者的执行能力充满信心(见图8-8)。

图 8-8 项目方案演讲的三个层次

这三个层次是项目方案演讲的三种境界，也是项目方案演讲的三层目标，它们相互关联又互相制约，层次越高难度也越大，越需要坚持利他性和讲理性原则。

2. 讲精彩的基本结构：SCQA

什么是SCQA？SCQA是一种写文章和讲故事的标准结构，这里的S是指文章的背景，C是指文章中的冲突，Q是指由冲突引发的相关疑问，A是指最终的答案。SCQA的最大的特点就是可以快速抓住对方的注意力，按照对方的关注逻辑去阐述内容。

背景S又称为现状，是指汇报演讲中听众已经知道的信息，或者是与主题相关、听众已经认可的内容。演讲的开始阶段，从听众已经知晓和认可的内容切入，更容易建立初步信任和引发共鸣，吸引听众继续听下去。

冲突C又称为矛盾，通常是指某种和现状不一致的、相反的甚至比较紧急的情况。例如，在某个学习项目设计中，根据项目需求分析，学习项目需要采用分阶段分主题的培训形式进行设计，需要组织投入一定数额的培训费用来支持，但现实存在的矛盾是培训经费计提比例已经到顶，无法满足项目实施的经费需要，这就是一个明显的冲突。这里的冲突一般需要具备两个要素，一是和现状存在不一致或者对立的事实；二是需要被双方都感知并认可。当双方对于冲突都清楚明白的时候，后面的问题和答案环节就容易达成一致、获得认可。

疑问Q是指在冲突背后，项目方案分析出来的当下组织所面对的真正问题。例如上例中，真正的问题是如何在培训费用计提比例难以提高的情境下，顺利实施学习项目并达成项目目标。

答案A是对于前面所提问题的最终解答，是对解决方案的展开说明。

SCQA也是一种思考和解决问题的结构，它已经被广泛应用在我们生活学习的各个方面，例如某互联网平台上的产品宣传短视频广告。

【背景S】视频镜头中出现了很多精美的衣服、美味的食品、精致的电子产品和可口的水果等。

【冲突C】镜头一换，出现了各种商品对应的价格，价格都很高，让你望而却步，你内心非常想要但东西确实很贵。

【疑问Q】怎么办？怎么才能以极低的价格获得自己心仪的商品呢？

【答案A】上某多多，拼得多、优惠多……

SCQA看似简单，实则能将平淡的表达变得生动形象。例如某公司发言人向公众介绍其公司核心产品："××出行是全球领先的一站式多元化出行平台，在中国400余座城市为近3亿用户提供出租车召车、专车、快车、顺风车、代驾、试驾、巴士和企业级等全面出行服务……"

这样的开场白有吸引力吗？当然没有。如果我们按照SCQA结构来调整一下，看会不会好很多？

【背景S】不知道大家有没有这样的经历呢？在比较偏僻的地方等了很久都等不到一辆出租车……

【冲突C】好不容易来了一辆车，但大概率要跟一起等的人来抢，感觉特不方便！

【疑问Q】以后如果再碰到这样的情况怎么办呢？

【答案A】您只需要在您的手机上安装××出行App，全市的网约车都由您来指挥。具体怎么来使用该项服务呢？下面我给大家介绍我公司的主要业务……

你是不是觉得，这样的开场方式非常棒呢？看到这里，你也可以在下次方案汇报演讲的时候来试试，相信你的听众也会马上对你刮目相看！

事实上绝大多数好莱坞电影就是按照SCQA的结构来拍摄的，例如，我们使用SCQA结构来剖析美国大片《火星救援》的剧情。

【背景S】人类终于实现了首次在火星上登陆，美国宇航员马克·沃特尼与其他五位宇航员突然遭遇巨型风暴，外太空之旅只能提前结束，他因为被误认为无法生还而被留在火星，成了太空鲁滨孙。

【冲突 C】清醒后的沃特尼发现自己远离地球家园,食物只够一个月的供应。幸好他天性幽默乐观,而且是个植物学专家,决定靠自己的力量生存下去,等着下次火星任务的到来,虽然这一等就要四年。

【疑问 Q】沃特尼能够坚持四年时间吗?能够等到下次火星任务的时候带他回去吗?

【答案 A】沃特尼精心计算如何最大限度地利用他在这颗干旱星球上的时间,开始利用自制的肥料种植土豆,对手头的所有材料物尽其用。在地球上,公众哀悼沃特尼的悲剧死亡后,一位眼尖的NASA技术员在监看时注意到火星表面的运动迹象,怀疑可能是马克还活着。双方重新取得联系后,火星救援任务由此启动……

因此,SCQA 是一个非常实用的讲故事的结构,能够把平淡的项目方案演绎得非常精彩。那么,如果你想让自己的日常表达更有吸引力,比如日常生活中需要讲一个精彩的小故事,或者是作为老师讲解某个知识点或传播某个信息的时候,灵活地运用这个结构,可以牢牢吸引听众的注意力。

3. SCQA 如何应用在方案的演讲里面

SCQA 结构是一个演绎精彩故事的实用法宝。它的基础逻辑是:我们需要先将听众引入某种熟悉的"背景",再说明该情境中目前存在的"冲突"(这种冲突也是他们可以感知到并认可的),并介绍由此引发的"疑问",最后我们一起得出我们的"解决方案"。

SCQA 在项目方案演讲中之所以被大家推崇,主要有两个原因:一个是它本身的逻辑简洁,应用起来非常方便;另一个则是它可以根据客户的关注点,灵活调整演讲内容的顺序,真正做到以客户为中心、以客户的核心关注点为中心。

根据客户的核心关注点,SCQA 可以有四种不同的表达范式供演讲者使用。

（1）常规范式。当听众关注项目背景的深度分析时，演讲者可以选择 SCQA 的常规范式，即从学习项目的真实背景出发，引出当前的冲突，进而从冲突中推导出面临的问题，最后给出针对问题的解决方案，示例如下。

背景："随着经济的发展和科技的进步，人群结构中的'老龄化'已经呈现明显的趋势。"

冲突："记者在调查中发现，老年人越来越多，他们在服装购买方面存在着各种各样的困难，在商场中很难找到老年人专柜，老年人也没有自己的'名牌'。"

疑问："如何满足老年人的服装购买需要？"

答案："这一问题吸引了嗅觉敏锐的商家开始专门经营老年人服装，并初见成效。"

（2）突出忧虑式。当听众对当前项目方案所讲述的冲突更关注、更焦虑时，演讲者可以选择突出忧虑式（CSA，冲突—背景—答案），即先讲述项目方案目前的冲突，迅速与听众达到冲突上的高度认同，然后再来分析具体的背景，并给出答案，示例如下。

冲突："哎哟，你病得不轻啊！"

背景："还好，能治。美国刚刚有一项最新研究成果，通过了 FDA（食品药品监督管理局）认证。"

答案："就是……有点儿贵。"

（3）突出信心式。当听众更关心项目方案对于当前问题的解决能力，想快速得到关于问题的具体分析和解决思路时，演讲者可以选择突出信心式（QSCA，疑问—背景—冲突—答案），即先通过疑问句将核心问题挑明，然后给予具体的背景和冲突分析，最后给出详尽的答案，示例如下。

疑问："今天全人类面临的最大威胁是什么？"

背景："在过去的几十年，科技高速发展，人类拥有的先进武器完全可以摧毁地球几十次。"

冲突："但是，我们拥有摧毁地球的能力，却没有逃离地球的方法。"

答案："所以，我们今天面临的最大威胁，是没有移民外星球的科技。我们公司将致力于私人航天技术，在可预见的未来，实现火星移民计划。"

（4）开门见山式。当听众更关心项目方案对当前问题的解决方案时，演讲者最好选择开门见山式的结构（ASC，答案—背景—冲突），即从解决方案切入，示例如下。

答案："今天我要报告的是关于把公司的销售激励制度，从提成制改为奖金制的提议。"

背景："公司从创始以来，一直使用提成制来激励销售队伍。这是三大主流激励机制（提成、奖金、分红）中的一种，三种激励机制分别适用于不同的场景。"

冲突："但是，提成制在公司业务迅猛发展，覆盖地市越来越多的情况下，造成了很多激励上的不公平，如富裕地区和贫穷地区的不公平、成熟市场和新进入市场的不公平，甚至出现员工拿到大笔提成，但公司却亏损的状态。"

4. 讲精彩必须会讲故事

如果说要挑选世界上最高效的演讲技巧，那讲故事无疑是排在第一位的。精彩的演讲离不开故事，无数的事实反复证明，在项目方案逻辑架构清晰的基础上，发挥好故事的力量更容易让演讲的结论深入人心，与听众产生情感上的共鸣。人人都喜欢听故事，任何一次演讲结束之后，听众可能并不记得那么多的大道理和一连串的数据，但他们往往都会记住演讲中印象最为深刻的故事。

故事能够和听众产生情感共鸣，故事也可以引发听众自己的思考，使听众得到自己的判断，最终帮助听众自己去做出改变。项目方案演讲中使用好讲故事的技巧，必须把握好四个基本要素。

（1）冲突：主要是指故事中主人公面对的问题，这里的问题和我们听众目前面临的问题必须是相同或者相似的，方便联结到听众的感性认知。例如，我们在向某客户讲解中层干部领导力提升学习项目方案时，讲到了某个公司经历了野蛮生长期后，逐步到达业务天花板，亟须通过规范内部经营风险向管理要效益的故事，故事的内容和客户目前的经营现状非常类似，因此引起听众的兴趣。

（2）情感：所有故事的讲述都必须是带有情感的，这种情感可以通过演讲者声音的高低、演讲节奏的急缓表现出来，也可以通过演讲者本人对于故事的了解度和认可度反映出来。很难有演讲者能够将自己发自内心并不认可的故事讲得绘声绘色，也很难有演讲者对自己高度认可的故事缄口不言。

（3）细节：好故事其核心价值观都是一致的，真正打动听众的恰是这个故事不同于其他故事的讲述形式和内容细节。细节可以让陈旧故事翻新，也可以让新颖的故事失色。当然，任何项目方案汇报演讲都是有时间限制的，细节的使用必须有，但一定不会多，否则会影响到整个项目方案的汇报进度。

（4）简洁：项目方案演讲中，所有内容都必须紧紧围绕方案本身进行。各种故事的佐证只是演讲论证的一部分，务求简洁精悍，点到为止，千万不可将项目方案演讲变成某个成功项目分享会，这样不仅偏离了方案演讲的主题，也有失专业性。如果在演讲中，听众确实对某个案例很感兴趣，那可以会后单独约时间做专项汇报。

在项目方案演讲中使用讲故事技巧也有三点需要注意的事项。一是故事的内容需要紧贴演讲的主题。讲故事是帮助听众接受演讲内容的手段，讲故事并不是目的，因此选择讲故事的前提是，故事的核心观点可以支撑我们的演讲，是演讲内容的加分项，而不是减分项。二是所讲故事必须做打磨和优化。项目方案演讲是公众表达中最为正式的一种形式，

10 分钟左右的时间要能够达到展示自我和说服他人的目的，演讲的过程和内容都必须进行反复的打磨和优化。当我们选择使用故事进行论证的时候，就要把握好故事背景叙述要完整、冲突设置要有悬念、故事结局要紧扣演讲主题等原则。同时，演讲者要善于从演讲语言、文字风格、感性与理性结合等方面去优化演讲内容和节奏。三是讲故事只是讲精彩的选择之一。除故事之外，还有很多能够将方案讲精彩的方式和方法，我们都可以去尝试。选择讲故事很多时候是选择了一种讨巧的方式，给听众留下了众多的思考和联想，但不得不承认，这也是一种风险比较大的方式，如果听众就是不愿意思考或者就是缺乏深度思考的能力，那么故事本身所蕴含的关键价值在他们那里就要大打折扣了。

破解紧张问题

要解决紧张的问题，可以从以下几个方面入手。

1. 多试讲，多做情景模拟

任何场合的公众表达对于演讲者来说，都会带来一定的心理压力，导致身心紧张。克服这种情形最好的办法就是反复试讲。演讲者要尽可能创造条件去试讲，如果因为场地等限制无法试讲，那么可以在上下班的往返交通上在脑海里多过几次。还可以设想在真实的演讲现场可能会出现的问题，如果出现了自己需要如何处理等。总之，试讲得越多，脑海里面把场景模拟得越深刻，当真正到达演讲场地时，演讲者就会有一种"似曾相识"的感觉，也更容易进入演讲的角色。

2. 理逻辑，善用结构图

在真实的项目方案演讲中，演讲者可以多使用逻辑词将前后相关知识进行链接，便于自己的思维整理，也便于听众的理解和记忆。演讲的整体结构一般都是按照总分总进行，先说整体观点，再做分步论述，最后收尾总结。例如，对于某学习项目的背景部分，我将从三个角度进行阐述，第一个是国内外经济形势的角度……，第二个是行业内部的白热化竞争的角度……，在了解了前两个角度之后，我们再来看看第三个角度，企业自身面对的转型需要的角度……。

3. 展自信，做到"四个一"

既然是演讲，那演讲者的语速过快或者过慢都不可以，声音过大或者过小也都不合适。对于项目方案演讲，我们总结出来"四个一"的基础要求，即思路清一点、节奏稳一点、声音大一点、速度慢一点。做到这"四个一"不仅可以让听众感受到演讲者自信满满的状态，也可以帮助听众更好地接受演讲内容。

小结

制订项目方案，赢得资源支持，输出"学习项目方案设计表"。

关键步骤	主要事项	具体内容	注意事项
需求调研	学员对象及主要工作职责		
	当前业务/管理痛点		
	当前业务/管理痛点产生的原因		
	痛点背后的主要能力差距		
方案设计	项目背景		
	项目目标		
	项目主题		
	项目视图		
	项目运营		
	项目预算		
	项目附件		

参 考 文 献

[1] 伊列雷斯. 我们如何学习：全视角学习理论 [M]. 孙玫璐，译. 北京：教育科学出版社，2010.

[2] 易虹，朱文浩. "技控"革命：从培训管理到绩效改进 [M]. 南京：江苏人民出版社，2016.

[3] 莫皓. RAISE 绩效改进五步法 [M]. 北京：清华大学出版社，2015.

[4] 卡普兰，诺顿. 战略地图：化无形资产为有形成果 [M]. 刘俊勇，孙薇，译. 广州：广东经济出版社，2005.

[5] 斯托洛维奇，吉普斯. 从培训专家到绩效顾问 [M]. 杨震，颜磊，谷明樾，译. 南京：江苏人民出版社，2014.

[6] 悦扬，李殿波，余雪梅. 企业经验萃取与案例开发 [M]. 北京：机械工业出版社，2017.

[7] 波洛克，杰斐逊，威克. 将培训转化为商业结果实践手册：学习发展项目 6Ds 法则实施案例、工具、方法 [M]. 本书翻译组，译. 北京：电子工业出版社，2018.

[8] 派克. 重构学习体验：以学员为中心的创新性培训技术 [M]. 孙波，庞涛，胡智丰，译. 南京：江苏人民出版社，2015.

[9] 孙波，庞涛. "动"见学习体验：图解五类学习活动设计 [M]. 北京：电子工业出版社，2015.

[10] 陈中. 复盘：对过去的事情做思维演练 [M]. 北京：机械工业出版社，2013.

[11] 张立志. 培训进化论：从培训专家到学习设计师 [M]. 北京：企业管理出版社，2016.

[12] 张立志. 20 张表单做培训：可落地的企业培训实操手册 [M]. 北京：人民邮电出版社，2019.

[13] 李靖. OKR 完全实践 [M]. 北京：机械工业出版社，2020.

[14] 王琳，朱文浩. 结构性思维：让思考和表达像搭积木一样有序省力 [M]. 北京：

中信出版社，2016.

[15] 王琳，李凤仪，陈秋颖. 荣耀时刻 [M]. 北京：中信出版社，2016.

[16] 段烨. 学习设计与课程开发 [M]. 北京：电子工业出版社，2015.

[17] 邱昭良. 复盘+：把经验转化为能力 [M]. 3 版. 北京：机械工业出版社，2018.

[18] 本斯. 引导：团队群策群力的实践指南 [M]. 任伟，译. 北京：电子工业出版社，2011.

[19] 布拉德伯恩，萨德曼，万辛克. 问卷设计手册：市场研究、民意调查、社会调查、健康调查指南 [M]. 赵锋，译. 重庆：重庆大学出版社，2011.